Nils Goldschmidt/Stefan Kolev

75 Jahre Soziale Marktwirtschaft in 7,5 Kapiteln

Nils Goldschmidt/Stefan Kolev

75 Jahre Soziale Marktwirtschaft in 7,5 Kapiteln

HERDER

FREIBURG · BASEL · WIEN

MIX
Papier | Fördert gute Waldnutzung
FSC® C014496
www.fsc.org

überarbeitete Neuausgabe

Hermann-Herder-Str. 4, 79104 Freiburg

www.herder.de

Bei Fragen zur Produktsicherheit wenden Sie sich an
produktsicherheit@herder.de

Umschlaggestaltung: wunderlichundweigand, Stefan Weigand
Umschlagmotiv: © Wilhelm Beestermöller

Satz: ZeroSoft SRL, Timişoara
Herstellung: GGP Media GmbH, Pößneck
Printed in Germany

ISBN Print: 978-3-451-03759-7
ISBN E-Book (EPUB): 978-3-451-84139-2
ISBN E-Book (PDF): 978-3-451-84140-8

Inhalt

Die Verwaltung für Wirtschaft hat bereits am gestrigen Tage von dieser Stelle aus Freigaben von verschiedenen Gebrauchs- und Verbrauchsgütern aus der Bewirtschaftung verkündet, und es sind alle Vorbereitungen getroffen, die Zügel der Bewirtschaftung noch lockerer zu gestalten. Die Resonanz, die dieser Übergang zu freieren Formen der Wirtschaft in unserem Volke gefunden hat, beweist nur, wie gründlich satt es dieser staatlichen Bevormundung ist und wie befreiend unser Volk die ihm zurückgegebene Möglichkeit der selbstverantwortlichen Gestaltung seines Schicksals empfindet.

Ludwig Erhard,
Rundfunkansprache, 21. Juni 1948

Ein Tag nach der Währungsreform –
dem Beginn der Sozialen Marktwirtschaft

Kapitel 1
Anfang Dezember 1946 – Der Heureka-Moment

Es ist nicht lange her, dass der eine Autor dieses Buches über den Marktplatz in Siegen lief und im Vorübergehen einen kurzen Gesprächsfaden zweier Studierender aufschnappte. Studentin: „Na ja, die Soziale Marktwirtschaft ist doch nichts Halbes und nichts Ganzes." Student: „Hm, wenn überhaupt, war da bei Ludwig Erhard noch ein Konzept dahinter." Diese Begegnung hatte zwei Wirkungen auf Nils. Zum einen konnte er ein freudiges Schmunzeln nicht unterdrücken: „Ja! Es gibt sie doch noch, junge Menschen, die sich für die Soziale Marktwirtschaft interessieren." Zum anderen machte sich zugleich Betrübnis breit: „Oje, Soziale Marktwirtschaft wird bestenfalls noch als Windbeutel wahrgenommen: inhaltlich hohl, mit viel Platz für Schaumschlägerei."

Der andere Autor, Stefan, machte ähnliche Erfahrungen in den USA während seines letzten Forschungsaufenthaltes an der Princeton University. Wenn es bei Vorträgen um die Soziale Marktwirtschaft ging, kam bei liberalen amerikanischen Ökonomen oft Skepsis auf: „Nach der reinen Lehre des Liberalismus klingt das alles nicht." Oder: „Bist du dir sicher, dass man das alles vom ‚muddle of the middle' der Sozial- und Christdemokratie – diesem kompasslosen Durchwurschteln der Parteien der Mitte – klar unterscheiden kann?"

Aber fangen wir vorne an: Vermutlich Anfang Dezember 1946, mitten im „Hungerwinter", der im kriegszerstörten Deutschland und bei eisiger Kälte für entsetzliches Leid in der Bevölkerung sorgte, eilte Alfred Müller-Armack das zugige Treppenhaus im Herz-Jesu-Kloster in Vreden-Ellewick herunter und rief dabei: „Nun weiß ich, wie es heißen muss. ‚Soziale Marktwirtschaft' muss es heißen! ‚Sozial' mit großem ‚S'!" Der Heureka-Moment für die Soziale Marktwirtschaft! Und vielleicht kein Zufall, dass sprachhistorisch Vreden mit dem Begriff Frieden verwandt ist.

Eigentlich lehrte und forschte Müller-Armack seit 1940 als Professor für Nationalökonomie und Kultursoziologie an der Universität Münster, wo er auch die Forschungsstelle für allgemeine und textile Marktwirtschaft leitete. Zu Beginn der nationalsozialistischen Diktatur stand er den neuen Machthabern durchaus mit einer gewissen Sympathie gegenüber. Aber bald wurde ihm klar, auf welche unmenschliche, unchristliche und rassistische Politik das neue Regime hinauslaufen würde, ohne dass er in die aktive Opposition ging.

Kriegsbedingt wurde im Jahr 1943 seine Forschungsstelle in das nahe der holländischen Grenze gelegene Kloster in Vreden ausgelagert. Dort entstanden die wesentlichen Partien seines Buches *Wirtschaftslenkung und Marktwirtschaft*, das er in ebendiesem Dezember 1946 abschloss und das im folgenden Jahr erschien. Das Buch enthält erstmals den Begriff „Soziale Marktwirtschaft" und zeigt in Grundzügen Müller-Armacks Vorstellungen von dieser Wirtschafts- und Sozialordnung. Funfact am Rande: In einem maschinenschriftlichen Typoskript, das kurz vor der Drucklegung des Buches getippt wurde und das bis heute im Archiv für Christlich-Demokratische Politik in Sankt Augustin aufbewahrt wird, findet sich noch der Begriff „Gesteuerte Marktwirtschaft". Müller-Armacks „Heureka!" wurde zum Glücksfall für das Programm der Sozialen Marktwirtschaft: Nicht die technische Umsetzung soll die neue Wirtschafts- und Sozialordnung in Westdeutschland prägen („steuern"), sondern ihr Ziel. Es geht um das soziale Miteinander, es geht um eine Wirtschaft für den Menschen.

Mit dieser kurzen Erzählung haben wir schon zwei wesentliche Charakteristika der Sozialen Marktwirtschaft umrissen. Erstens – und ganz pragmatisch – handelt es sich bei der Sozialen Marktwirtschaft um die wirtschaftliche und soziale Ordnung, die nach dem Zweiten Weltkrieg in Westdeutschland etabliert wurde. Zweitens – und das ist schon weniger offensichtlich – ist der Maßstab für die Güte der Sozialen Marktwirtschaft nicht allein die wirtschaftliche Effizienz, sondern ebenso das Wohlergehen der Menschen, die in ihr leben. Drei weitere Elemente kommen hinzu: Die Soziale Marktwirtschaft lässt sich als eine regelgeleitete Wirtschaftspolitik charakterisieren, die mittels einer rechtlichen Rahmenordnung sicherstellt, dass der Wettbewerb auf den Märkten zu gesellschaftlich wünschenswerten Ergebnissen führt – die dritte Eigenschaft. Viertens: Der Staat garantiert diese Rahmenordnung (Wirtschaftsverfassung), um einen fairen und entmachtenden Wettbewerb hervorzubringen. Und fünftens: Es ist nicht die Aufgabe des Staates, selbst aktiv in den Markt einzugreifen.

Die zuletzt genannten drei Eigenschaften der Sozialen Marktwirtschaft als geordnete, nicht aber staatlich gelenkte Marktwirtschaft ähneln im Grundgedanken einem Fußballspiel: Wie beim Fußball wird auch den wirtschaftlichen Akteuren, die sich im Wettbewerb messen, in der Sozialen Marktwirtschaft ein verbindlicher Ordnungsrahmen (Spielregeln) vorgegeben. Innerhalb dieser Spielregeln können sich Produzenten und Konsumenten (Spieler) frei bewegen und solche wirtschaftlichen Aktivitäten (Spielzüge) suchen, die in ihrem Interesse sind. Die Rahmenbedingungen (Spielregeln) sind so zu gestalten, dass man einen fairen Wettbewerb (Spiel) erwarten kann. Die Aufgabe des Staates bzw. der Politik (im Sinne eines Schiedsrichters) ist es, für den regelgerechten Ablauf zu sorgen.

Ludwig Erhard, der als erster Bundeswirtschaftsminister die junge Soziale Marktwirtschaft gemeinsam mit Alfred Müller-Armack kongenial prägte, war offensichtlich auch Fußballfan. In seinem Bestseller *Wohlstand für Alle* von 1957 schreibt er: „Ich möchte hierbei das vielleicht etwas banal erscheinende Bild eines Fußballspiels gebrauchen dürfen. Da bin ich der Meinung, dass ebenso wie der Schiedsrichter nicht mitspielen darf, auch der Staat nicht mitzuspielen hat. Eines ist bei einem guten Fußballspiel als wesentliches Merkmal zu erkennen: Das Fußballspiel folgt bestimmten Regeln, und diese stehen von vornherein fest. Was ich mit einer marktwirtschaftlichen Politik anstrebe, das ist – um im genannten Beispiel zu bleiben – die Ordnung des Spiels und die für dieses Spiel geltenden Regeln aufzustellen.“[1]

Die Bezeichnung Soziale Marktwirtschaft war womöglich ein göttlich inspirierter Gedanke, der sich hinter Klostermauern Bahn brach, das Konzept selbst hingegen fiel nicht vom Himmel. Im Hintergrund stehen die Ideen der sogenannten Historischen Schule, ein deutscher Sonderweg in den Wirtschaftswissenschaften – auch wenn diese Tradition heute weitgehend vergessen ist. Diese wissenschaftliche Richtung, die zwischen 1870 und 1920 das ökonomische Denken in Deutschland dominierte, hatte keinen fest umrissenen einheitlichen Kanon, aber ihre Vertreter einte die Überzeugung, dass die Ansichten der klassischen Nationalökonomie im Gefolge von Adam Smith und David Ricardo ergänzt werden sollten. Eine Politische Ökonomie habe nicht vordringlich nach allgemeinen Wirtschaftsgesetzen zu suchen, sondern es gelte vielmehr, die jeweiligen historischen Besonderheiten einzelner Länder im Laufe der Zeit aufzudecken und zu berücksichtigen. Ziel der historischen Beschreibung ist die konkrete, praktische Umsetzung in wirtschafts- und sozialpolitische Maßnahmen. Insbesondere Gustav Schmoller, der Starökonom jener Jahre, betonte die Notwendigkeit, die Prozesse der Industrialisierung durch eine staatliche Sozialreform abzufedern und den „Wirtschaftsstil“ eines Landes zu gestalten. Schmoller prägte mit seinem Ansatz maßgeblich die Wissenschaft, aber auch die politische Praxis seiner Zeit und unterstützte die Einführung der drei ersten Säulen der Sozialversicherung – Krankenversicherung 1883, Unfallversicherung 1884 und Rentenversicherung 1889 – unter Otto von Bismarck. Wir sind uns sicher: Schmoller wäre, hätte es damals schon Markus Lanz oder Maybrit Illner gegeben, Dauergast dort gewesen.

Diese gesamtgesellschaftliche Sicht der Historischen Schule auf ökonomische Zusammenhänge spiegelt sich in der Vorstellung wider, dass die Soziale Marktwirtschaft ein „der Ausgestaltung harrender, progressiver Stilgedanke" sei – wie es Müller-Armack formulierte.[2] Ebenso stimmen beide Richtungen darin überein, dass es nicht nur die Verwirklichung wirtschaftlicher Effizienz, sondern die Ermöglichung von Gerechtigkeit ist, auf die Wissenschaft und Politik letztlich zielen sollten. Entsprechend kann die Wirtschaft nicht dem Prinzip des *Laissez-faire* überlassen werden, sondern es bedarf eines starken, wirkmächtigen Staates, der dem wirtschaftlichen Geschehen klare Leitplanken setzt. Freilich gibt es auch markante Unterschiede zwischen beiden Denkschulen, zum Beispiel bei Kartellfragen, aber die Kontinuitäten sind nicht zu leugnen.

Immer wieder gibt es die Diskussion, ob Deutschland mit seiner Traditionslinie von Historischer Schule und Sozialer Marktwirtschaft tatsächlich einen Sonderweg beschritten hat, der sich bis heute fortsetzt. Insbesondere während der Finanzmarkt- und Staatsschuldenkrise ab 2008 wurde Stimmen laut, die die rigorose Sparpolitik und die Forderungen nach einer restriktiven Finanzpolitik des damaligen Bundesfinanzministers Wolfgang Schäuble gerade gegenüber Griechenland auf diese Weise erklären wollten. Austerität, verstanden als Disziplin und Entbehrung, war das Modewort jener Debatten und wurde von nicht wenigen als typisch deutsche Tugend angesehen, mit der die Bundesregierung gerade in Südeuropa nicht nur Sympathiepunkte sammelte. In ihrem bis heute lesenswerten Buch *Euro. Der Kampf der Wirtschaftskulturen* (2016)[3] machen die beiden Professoren an der Princeton University Markus Brunnermeier und Harold James gemeinsam mit dem ehemaligen Vizepräsidenten der Französischen Nationalbank Jean-Pierre Landau die unterschiedlichen Wirtschaftsphilosophien insbesondere zwischen Deutschland und Frankreich als Grund dafür aus, dass die europäische Geld- und Finanzpolitik zwischen (deutscher) Prinzipientreue sowie fiskalischer Strenge und (französischem) Pragmatismus hin und her schlingere. Sicherlich nicht die einzige Erklärung für manche Verwerfungen im Euroraum seit der Einführung der gemeinsamen Währung. Aber ein wichtiger Hinweis darauf, dass wirtschaftspolitische Positionen auch mit nationalen Traditionen und historischen sowie kulturellen Entwicklungspfaden verbunden sind.

Zurück zu Müller-Armack: Er war ein begeisterter Europäer. Die Ausgestaltung der politischen und wirtschaftlichen Ordnung in Europa war in Deutschland in den 1950er Jahren umstritten. Etwas vereinfacht zusammengefasst: Bundeskanzler Konrad Adenauer sprach sich für eine Integration Westeuropas aus, die in kleinen Schritten vollzogen werden müsse. Bundeswirtschaftsminister Ludwig Erhard forderte hingegen eine große transatlantische Freihandelszone, in der die einzelnen Staaten im Wettbewerb zueinanderstehen sollten. Müller-Armacks Ziel war die europäische Integration, für die er sich mit Leidenschaft einsetzte. So war für ihn die Europäische Wirtschaftsgemeinschaft (EWG), wie sie dann am 25. März 1957 durch die Römischen Verträge mit den Staaten Belgien, Bundesrepublik Deutschland, Frankreich, Italien, Luxemburg und die Niederlande gegründet wurde, nur ein erster Schritt. Gleichwohl gestaltete er den schwierigen, aber letztlich erfolgreichen Abschluss der Verträge mit, häufig in Vertretung für Ludwig Erhard. Ab 1958 wirkte Müller-Armack als Staatssekretär für Europäische Angelegenheiten und wusste sich vielfach als konstruktiver Vermittler einzubringen. Auch aufgrund des Scheiterns der Beitrittsverhandlungen Großbritanniens zur EWG am Veto des französischen Präsidenten Charles de Gaulle trat Müller-Armack 1963 als Staatssekretär zurück.

Aussöhnung und Versöhnung war nicht nur Müller-Armacks Antrieb für die europäische Integration, sondern es war zugleich die „Grundmelodie" in seinem Verständnis von Sozialer Marktwirtschaft. Denn: Sie ist nicht nur ein Wirtschaftsmodell, sondern ebenso ein Gesellschaftsmodell. Das erfordert in seinem Verständnis ein gesellschaftliches Miteinander, in dem sich unterschiedliche Vorstellungen mit Respekt begegnen und in dem der politische Kompromiss der Normalfall ist. Dies zu ermöglichen – auch hierin liegt ein Versprechen der Sozialen Marktwirtschaft. Müller-Armack sprach in diesem Zusammenhang von „sozialer Irenik". Abgeleitet vom griechischen Begriff *eirēnē*, den man mit Frieden übersetzen kann, meint Müller-Armack mit sozialer Irenik nicht nur die Versöhnung von wirtschaftlicher Effizienz und gesellschaftlichen Zielen, sondern zugleich die Versöhnung unterschiedlicher Vorstellungen innerhalb der Gesellschaft. Nicht um die einzelnen Positionen einzuebnen, sondern – so die Hoffnung von Müller-Armack – um in gegenseitiger Achtung an der sozialen Gestaltung mitzuwirken. Hieraus erwächst für ihn das Fundament für eine die Gesellschaft versöhnende Soziale Marktwirtschaft: „So kann unsere Hoffnung auf eine mögliche Einheit nur die Irenik sein, einer Versöhnung, die das Faktum der Gespaltenheit als gegeben nimmt, aber ihm gegenüber die Bemühung um eine gemeinsame Einheit nicht preisgibt."[4]

Wie wichtig der soziale Zusammenhalt und der Respekt für unterschiedliche Sichtweisen sind, zeigen uns die heutigen Krisen in ihrer ganzen Dramatik. Konflikte zwischen unterschiedlichen Weltanschauungen sind zeitlos, auch wenn sich die zugrunde liegenden Ideologien wandeln. Der Gedanke einer sozialen Irenik, die unterschiedliche Positionen in einer Gesellschaft konstruktiv zusammenführt, ist auch heute noch die entscheidende Nahtstelle zwischen wirtschaftlicher Entwicklung und sozialem Zusammenhalt. In diesem Sinne ist die Soziale Marktwirtschaft eine Friedensformel für eine stabile Gesellschaft und die Grundlage für eine menschenwürdige Wirtschaftsordnung.[5]

Kapitel 2
20. Juni 1948 – Der Sprung ins Ungewisse

Am 5. August 1948 notierte Leonhard Miksch in sein Tagebuch: „Die Eiersache ist wirklich nur ein Witz. Seit die Preise freigegeben sind, könnte man glauben, die deutsche Bevölkerung habe vorher nur von Eiern gelebt. Ich spreche überhaupt einem großen Teil der Leute, die gegen die Marktwirtschaft wettern und hetzen, den guten Glauben ab. Sie entblöden sich nicht, zu behaupten, dass die Arbeiter jetzt schlechter lebten als früher, wobei sie offenbar die bis vor kurzem ausgestoßenen Jammertöne ganz vergessen haben."[1]

Der Ökonom Leonhard Miksch arbeitete damals in der Verwaltung für Wirtschaft des Vereinigten Wirtschaftsgebietes – mehr oder weniger die Vorläuferin des späteren Bundeswirtschaftsministeriums. Er war einer der engen Vertrauten des Direktors, Ludwig Erhard, und führte in jenen Jahren ein erhellendes und nicht selten unterhaltsames Tagebuch. Bislang sind seine Aufzeichnungen unveröffentlicht – Sie sind also gewissermaßen Premierengast. Doch was hat es nun mit der „Eiersache" auf sich? Dafür müssen wir anderthalb Monate im Jahr 1948 zurückspringen.

Vor 75 Jahren, am Sonntag, dem 20. Juni – traut man den historischen Wetterdaten, ein wolkenverhangener Tag mit einzelnen Schauern –, fand in den drei westdeutschen Besatzungszonen die Währungsreform statt. Löhne und Gehälter, aber auch Steuern und Mieten wurden im Verhältnis 1 : 1 in D-Mark umgestellt. Zudem erhielt jeder und jede einen „Kopfbetrag" von 40 D-Mark. Bei bestehenden Bankguthaben war die Umstellung deutlich restriktiver und führte zu Empörung bei denjenigen, die hohe Ersparnisse hatten. Dass die Währungsreform aber unausweichlich war, lag auf der Hand. Die schulden- und wechselfinanzierte Rüstungspolitik der Nationalsozialisten hatte die Geldmenge im deutschen Währungsgebiet massiv erhöht. Dazu war lediglich die Reichsbank gleichzuschalten. Bereits im Oktober 1939 wurde eine achtfache Erhöhung des Bargeldumlaufs angeordnet, um die Finanzkraft der Kriegsfinanzierung auszuweiten. Im Verlauf des Zweiten Weltkrieges wurden weitere Finanzierungsquellen im okkupierten Ausland ausgeschöpft. Beschlagnahmtes Gold aus Geschäfts- und Zentralbanken besetzter Länder wurde von der Reichsbank eingeschmolzen und auf dem noch bestehenden europäischen Kapitalmarkt veräußert. Der Außenwert der Reichsmark blieb davon stets unberührt.

Nach dem Krieg änderte sich die Situation jedoch grundlegend. Spätestens im Sommer 1945 war angesichts der eingetretenen ökonomischen Folgen der Kriegsfinanzierung offensichtlich, dass eine Währungsreform unumgänglich sein würde. Zudem wurde der Bedarf an Bargeld wesentlich geringer, weil das Währungsgebiet ab 1945 nicht nur von der Fläche her, sondern auch in Bezug auf die Einwohnerzahl wesentlich kleiner wurde: Große Teile des alten Reichsterritoriums lagen nicht im Machtbereich des Alliierten Kontrollrates. Auch kehrten die vormals besetzten Gebiete zu ihren alten Staatswährungen zurück. Vor diesem Hintergrund verwundert es nicht, dass die Reichsmark weitestgehend ihre Geldfunktionen verlor.

Der Hauptgrund, warum dennoch mehr als drei Jahre verstreichen mussten, bis eine neue Währung emittiert werden konnte bzw. durfte, wird in der Uneinigkeit der Alliierten gelegen haben, wie mit den vier Besatzungszonen verfahren werden sollte. Die unterschiedliche Vorgehensweise in der sowjetisch besetzten Zone und den drei Westzonen ließ bereits im Herbst 1945 erwarten, dass eine dauerhafte Trennung unausweichlich und die gemeinsame Reichsmark obsolet werden würde. Obwohl der Plan zu der im Juni 1948 durchgeführten Währungsreform bereits 1946 weitestgehend vorlag, befassten sich die Besatzungsmächte erst ab 1947 mit dem Gedanken, die Reichsmark durch eine andere Währung abzulösen. So wurde auf Beschluss des Wirtschaftsrates vom 23. Juli 1947 unter der Leitung von Ludwig Erhard die „Sonderstelle Geld und Kredit" in Bad Homburg gegründet, die mit der Aufgabe betraut wurde, einen offiziellen deutschen Plan zur Währungsreform zu erarbeiten. Der ausgearbeitete „Homburger Plan" fand jedoch nur in seinen Grundzügen Berücksichtigung.

Schon seit einigen Jahren trieb Ludwig Erhard die Frage um, wie das Geldüberhangproblem nach Ende des Krieges zu lösen sei. Ab März 1944 zirkulierte eine von ihm geheim verfasste Denkschrift mit dem Titel *Kriegsfinanzierung und Schuldenkonsolidierung*.[2] Er betonte, dass eine Schuldenkonsolidierung und eine Reduktion des Geldüberhangs in erster Linie der Beseitigung des inzwischen aufgestauten Kaufkraftüberschusses bedürften. Hierfür sei der Notenumlauf von rund 35 Milliarden Reichsmark auf zwei bis vier Milliarden Reichsmark zu reduzieren. Die zweite Aufgabe sei es, die angelaufenen Ansprüche an den Staat, die Banken und sonstige Unternehmen abzulösen und auf eine dem Sozialprodukt entsprechende Höhe zurückzuführen.

Doch die Währungsreform alleine konnte es nicht richten.[3] Um eine durch Geldmengenausweitung drohende Inflation zu vermeiden, hatten die Nationalsozialisten bereits 1936 das Einfrieren von Löhnen und Güterpreisen angeordnet. Zudem wurden im Rahmen der am 4. September 1939 in Kraft getretenen Kriegswirtschaftsverordnung das Horten von Geld unter Strafe gestellt, der freie Geldverkehr eingeschränkt und zusätzlich der Bargeldumlauf weiter erhöht. In seiner Denkschrift erschien Erhard eine mit dem Währungsschnitt durchgeführte Preisfreigabe noch als „wirklichkeitsfremd". Doch nach dem Krieg wurde deutlich, dass nur weitestgehend freie Preise den Marktmechanismus wieder in Kraft setzen konnten.

Hier nun kommt wieder Leonhard Miksch ins Spiel. Er war wohl derjenige, der im Wesentlichen darauf drängte, dass eine Preisfreigabe ohne Alternative sei und dass man den Wirtschaftsrat, eine Art Parlament der amerikanisch-britischen Bizone, dazu bringen musste, einer entsprechenden Verordnung zuzustimmen. Am 24. Mai 1948 heißt es in seinem Tagebuch:

> Im Auftrage von Erhard habe ich die Grundsätze der deutschen Preispolitik im weitesten Sinne in einer Reihe von Thesen zusammengefasst. – Hauptabteilungsleitersitzung. Erhard sagte, meine Thesen entsprächen völlig seiner Auffassung. Sie sind für die Militärregierung bestimmt. Ich erhielt den Auftrag, sie jetzt in eine Form zu gießen, in der sie dem Wirtschaftsrat vorgelegt werden können, um dann als eine Art Generalermächtigung für die anlässlich der Währungsreform erforderlichen Maßnahmen zu dienen. – Erhard ist entschlossen, zur Marktwirtschaft überzugehen.

Nach einigem Abwägen (31. Mai: „Erhard wollte noch einen Satz drin haben, dass nach der Währungsreform die Preise nicht steigen können, er behauptet das wegen der Radikalität der Reform, aber ich habe ihn dringend vor einer solchen Festlegung des Wirtschaftsrats gewarnt.") fand das Gesetz über Leitsätze für die Bewirtschaftung und Preispolitik nach der Geldreform („Leitsätzegesetz") seinen Zuschnitt. Miksch, übrigens SPD-Mitglied mit einem ambivalenten Verhältnis zum Nationalsozialismus als junger Mann, hatte die Präambel verfasst, der stellvertretende Direktor der Verwaltung für Wirtschaft und CDU-Mann Edmund Kaufmann den eigentlichen Text (Miksch in seinem Tagebuch: „Zuletzt nach vielem hin und her, hat Kaufmann die Richtlinien selbst formuliert, auf Grund meiner Entwürfe. Sehr verwaschen, aber das Verwaschene ist das Richtige.").

Nach heftigen Debatten wurde das Gesetz am Freitag, dem 18. Juni 1948, vom Wirtschaftsrat verabschiedet. Eigentlich hätte es vor seiner Inkraftsetzung noch den Länderrat passieren und von den Alliierten genehmigt werden müssen. Jedoch gab Erhard ohne die Zustimmung der Alliierten und der Ländervertreter parallel zur Währungsreform am 20. Juni 1948 die Anweisung, zahlreiche Preise entsprechend des Leitsätzegesetzes freizugeben. Dieser Sprung ins Ungewisse markiert den Beginn der Sozialen Marktwirtschaft – und verursachte einigen Ärger. Bereits am nächsten Tag wurde Erhard in das Hauptquartier der Alliierten in Frankfurt am Main zitiert. Dort warf ihm der Militärgouverneur der amerikanischen Besatzungszone, General Lucius D. Clay, vor, eigenmächtig Besatzungsvorschriften geändert zu haben. Wie Erhard später selbst erzählte, habe er darauf geantwortet: „Ich habe die Vorschriften nicht abgeändert, ich habe sie abgeschafft." Clay war über Erhards Eigenmächtigkeit aber nicht wirklich unglücklich, da er dessen wirtschaftspolitischen Kurs – den Weg in die Soziale Marktwirtschaft – grundsätzlich für richtig hielt. Clay wurde übrigens in ebendiesen Monaten auch der „Vater der Berliner Luftbrücke" – aber das ist eine andere Geschichte.

Währungsreform und Preisfreigabe wirkten unmittelbar: Bereits am darauffolgenden Montag, dem 21. Juni, waren die Läden wieder mit zahlreichen Produkten gefüllt, die Händler holten gehortete Waren aus den Lagern und Kellern und stellten sie in ihre Auslagen, da sie sie nun zu rentablen, offiziellen Preisen verkaufen konnten, anstatt sie für Bezugsscheine abzugeben oder sie unter dem Ladentisch gegen die inoffizielle Zigarettenwährung einzutauschen. Westdeutschland hatte ein „Schaufensterwunder". Der offizielle Lohn hatte eine deutlich höhere Kaufkraft, das Warenangebot verbreiterte sich. Auch auf der Produktionsseite passierte einiges: Hatten sich die Bewirtschaftungsmaßnahmen der Alliierten als Zwangskorsett für die Gütererstellung erwiesen, stieg die Industrieproduktion bereits in den kommenden Monaten deutlich an – allein bis August 1948 um ein Viertel. Am Horizont schimmerte ein Wirtschaftswunder!

Doch ganz so geschmeidig lief es nicht. Die Preise und die Nachfrage schwankten in den Wochen nach der Währungsreform stark und tendierten nach oben, das Angebot konnte mit dem gestiegenen Wunsch nach mehr Gütern in kurzer Frist nicht Schritt halten. Eine erneute Bewirtschaftung war nicht ausgeschlossen. Mikschs Lamento über die „Eiersache“ – denn auch die Eierpreise stiegen nach der Preisfreigabe, was öffentliche Entrüstung nach sich zog – hat hier seinen Grund. Diskussions- und Abstimmungsbedarf gab es vor allem hinsichtlich der Beibehaltung einzelner Preisbindungen, die das tagtägliche Tun in der Verwaltung für Wirtschaft und Mikschs Arbeit maßgeblich bestimmten. Am 10. September 1948 schreibt er in seinem Tagebuch: „Nachher noch lange Besprechung mit Erhard. Er ermächtigte mich zur Erweiterung des Preisspiegels auf Haushaltsgegenstände.“ Und schon einen Tag später weiß Miksch dann zu berichten: „Gestern habe ich die Normalpreise für Schuhe festgesetzt. Es gibt dabei immer einen stundenlangen und langwierigen Kampf. Ich lasse zuerst die Industrie ihre Abgabepreise bei ‚angemessener‘ Kalkulation nennen. In der Regel gibt es dann einen Streit zwischen Industrie und Handel, die sich wechselseitig beschimpfen. Außerdem muss noch der Gewerkschaftsvertreter befriedigt werden. Aber aus den Vorwürfen, die alle einander machen, kann man ziemlich genau entnehmen, welcher Preis ungefähr gerechtfertigt ist.“

Im November 1948 eskalierte die Situation. Am 12. des Monats riefen die Gewerkschaften zu dem im Nachkriegsdeutschland bislang einzigen Generalstreik gegen die „Wirtschaftspolitik der Volksausbeutung“ auf und forderten eine völlige Umkehr des bisherigen Wegs, inklusive Preiskontrollen sowie Bewirtschaftung und Sozialisierung in einzelnen Bereichen. Erhard blieb Pragmatiker und versuchte die Situation zu entspannen. Ein gutes Beispiel dafür ist das sogenannte Jedermann-Programm, in dessen Rahmen einige wichtige Güter des täglichen Bedarfs unter direkter staatlicher Aufsicht produziert und zu festen Preisen verkauft wurden. Für private Unternehmen wurden Anreize geschaffen, ihre Anlagen für die Produktion dieser Güter zur Verfügung zu stellen, wobei die Versorgung mit bestimmten besonders stark nachgefragten Rohstoffen an die Teilnahme am Jedermann-Programm gebunden war. Während einige diese Maßnahme de facto als Rückkehr zu festen Preisen und einer regulierten Wirtschaft interpretierten, stellte Ludwig Erhard klar: „Das ‚Jedermann-Programm' ist [...] kein Zeichen einer neuen Wirtschaftspolitik oder einer neuen Wirtschaftsform, es ist eine Notmaßnahme. Und es ist eine Übergangsmaßnahme."[4] Krisen erfordern manchmal auch von prinzipientreuen Marktwirtschaftlern ungewöhnliche Maßnahmen. Ende 1948 beruhigte sich die Situation, und es kam zu sinkenden Preisen, auch unterstützt durch den amerikanischen Marshall-Plan, mit dem unter anderem Rohstoffe finanziert, importiert und so die Produktionsmöglichkeiten erhöht werden konnten. Das Wirtschaftswunder bekam doch noch eine Chance.

Zwei Warnhinweise sind bei diesem Begriff jedoch angebracht. Erstens: Erhard selbst fand die Bezeichnung „Wirtschaftswunder" unangemessen. In *Wohlstand für Alle* schreibt er: „Weil ich alle Erfolge, die mittels meiner Wirtschaftspolitik errungen wurden, auf das Tun und Lassen der beteiligten Menschen zurückführe, bin ich übrigens auch nicht geneigt, den Begriff des ‚deutschen Wunders' gelten zu lassen. Das, was sich in Deutschland in den letzten neun Jahren vollzogen hat, war alles andere als ein Wunder. Es war nur die Konsequenz der ehrlichen Anstrengung eines ganzen Volkes, das nach freiheitlichen Prinzipien die Möglichkeit eingeräumt erhalten hat, menschliche Initiative, menschliche Energien wieder anwenden zu dürfen."[5] Zweitens: Wirtschaftshistorisch ist es gar nicht so eindeutig, ob Erhards Politik tatsächlich der entscheidende Hebel zum wirtschaftlichen Wiederaufstieg nach den Zweiten Weltkrieg war. Der Bielefelder Historiker Werner Abelshauser stellte schon Mitte der 1980er Jahre die sogenannte Irrelevanz-These auf, nach der die Geschichte auch ohne Erhards Politik ähnlich verlaufen wäre, denn die wirtschaftliche Erholung in den Westzonen sei zum Zeitpunkt der Währungsreform und bei der Etablierung des Marshall-Plans schon in vollem Gange gewesen. Scheinbare „Sprünge“ in der wirtschaftlichen Entwicklung hätten ihren Grund vielmehr in einer verzögerten Berichterstattung.

Richtig ist, dass Westdeutschland in jenen Jahren in der Tat sogenannte Rekonstruktionsprozesse durchlief, soll heißen: Kriege oder andere schwere Wirtschaftskrisen führen oft nur zu einer Unterbrechung des ökonomischen Wachstumstrends. Ist die Krise vorbei, kann sich die Wirtschaft im Sinne einer nachholenden Entwicklung beschleunigt zurück auf den langfristigen Entwicklungspfad bewegen. Aber selbstverständlich ist es nicht, solche Pfade können auch abreißen, zumal in Perioden tiefgreifender Transformation. Die von Abelshauser angestoßene Diskussion führte zu weiteren Studien. Es gibt mittlerweile Schätzungen, die den Anteil, den die Einführung der Sozialen Marktwirtschaft zur raschen wirtschaftlichen Entwicklung beitrug, auf rund 40 Prozent beziffern.[6] Nicht alles, um die rasante wirtschaftliche Entwicklung der 1950er und frühen 1960er Jahre in der Bundesrepublik zu erklären, aber deutlich mehr als nichts.

Die Diskussionen um die Währungsreform zeigen auf, dass der Dicke mit der Zigarre eben nicht nur ein brillanter Kopf, sondern auch ein gewiefter Rhetoriker war. Folglich: Seien Sie vorsichtig, wenn Ihnen jemand glaubhaft machen will, dass diese Maßnahme oder jene Reform genau den Idealen Erhards entspräche.[7] Erhards Aufsätze und vor allem seine Reden sind eine Fundgrube für inspirierende Ideen – und gleichzeitig ein Beleg für seinen politischen Pragmatismus. Wollen Sie einmal in seinem Elternhaus vorbeischauen? Dann besuchen Sie das Ludwig Erhard Zentrum in Fürth. Empfehlenswert!

Miksch starb bereits im Alter von 49 Jahren. Im selben Jahr 1950 wie sein akademischer Lehrer Walter Eucken – unser Protagonist im nächsten Kapitel.

Kapitel 3
7. September 1944 – Akademischer Mut

Die junge Diplom-Volkswirtin Ursula Markwalder war während des Krieges Doktorandin bei den beiden Freiburger Wirtschaftswissenschaftlern Walter Eucken und Constantin von Dietze. Ihre Arbeit beschäftigte sich mit dem Ökonomen und Historiker Jean-Charles-Léonard Simonde de Sismondi, einem frühen Kritiker des *Laissez-faire* und Befürworter von Staatsinterventionen. Am 7. September 1944 sollte nun die abschließende Doktorprüfung sein, erst bei Eucken, dann bei von Dietze. Hier kam es zu einer bedrückenden Szene, die Ursula Markwalder vor einigen Jahren aufgeschrieben hat und die wir hier ausführlich schildern wollen – lehrt sie uns doch auch einiges über die Soziale Marktwirtschaft:

> Plötzlich klopfte die Sekretärin und meldete Professor v. Dietze: „Es sind zwei Herren von der Gestapo da, die Sie sprechen wollen." Professor v. Dietzes Antwort: „Ich lasse die Herren bitten." Professor v. Dietze mir gegenüber, an seinem Schreibtisch, schaute vor sich hin. Immer, wenn ich an einen betenden Menschen denke, sehe ich dieses Bild vor mir. Er war völlig gefasst und vollständig ruhig, geborgen in seinem Herrgott, angesichts von Folter und Tod. Dann schaute er auf zu mir und sagte: „Sie wissen ja, was das bedeutet. Würden Sie bitte meiner Frau Bescheid sagen." Ich sagte nur: „Selbstverständlich, Herr Professor" und schon standen die beiden Gestapo-Männer in der Tür. Professor v. Dietze stand auf,

> begrüßte sie, wie ein Grand-Seigneur seine Gäste empfängt. „Hier sind die Schlüssel zu allen Schränken, alles steht zu Ihrer Verfügung." So etwas hatten die beiden widerlichen Gestalten sicher noch nicht erlebt. Sie schauten einander sichtlich betroffen an. Professor v. Dietze: „Wir sind eben ziemlich am Ende einer Prüfung, soll die Studentin warten?" Der Kleinere, wieder im Vollbesitz seiner Machtposition: „Nein, *die* braucht nicht zu warten!" Ich ging auf Professor v. Dietze zu, nahm seine Hand und sagte laut und deutlich: „Auf Wiedersehen, Herr Professor." Gottlob hat sich das nach schlimmen Zeiten doch noch bewahrheitet.[1]

Der Kern der Sozialen Marktwirtschaft ist ohne den Mut einiger ihrer Vordenker, den Nationalsozialisten zu widerstehen, nicht vollständig zu erfassen. Um das genauer ausloten zu können, müssen wir erneut einen Schritt zurückgehen: in die Jahre ab 1933, als sich an der Universität Freiburg unter der Führung von Walter Eucken das Forschungsprogramm des Ordoliberalismus etablierte. Eucken war der Sohn des Philosophen und Literaturnobelpreisträgers von 1908 Rudolf Eucken. Letzterer, der im Anschluss an eine erste Berufung nach Basel (wo er übrigens Friedrich Nietzsche aus dem Rennen warf) ab 1874 für 46 Jahre an der Universität in Jena lehrte, galt zu seiner Zeit als „kulturpolitische Berühmtheit" – so die Worte des Philosophen Hans-Georg Gadamer – und war in seinem Wirken wohl „einer der stärksten Seelenerwecker, die Deutschland besessen hat" – wie sein Schüler Max Scheler rückblickend betonte. Die Zusammenkünfte im Hause Eucken, seine Frau Irene war künstlerisch tätig, waren ein Schmelztiegel intellektueller Diskurse des frühen 20. Jahrhunderts. Ein amüsantes Detail: Bis heute können Sie in der Aula der Universität Jena das großformatige Historiengemälde des Schweizer Malers Ferdinand Hodler mit dem Titel *Auszug deutscher Studenten in den Freiheitskrieg von 1813* bewundern. Im Mittelpunkt sieht man einen jungen, dynamischen Mann, der sich gerade den Soldatenrock anzieht und bei dem es sich um den 18-jährigen Walter Eucken handelt, der Hodler, ein gern gesehener Gast bei den Euckens, Modell gestanden hat. Diese knappe Schilderung des biografischen Hintergrunds wird Ihnen verständlich machen, dass Walter Eucken durchaus ein gewisses Selbstbewusstsein von Haus aus mitbrachte. So verwundert es nicht, dass es vor allem er war, der Martin Heidegger, der nach der „Machtergreifung" der Nationalsozialisten 1933 als Rektor der Universität Freiburg zum intellektuellen Impulsgeber des neuen Regimes zu werden hoffte, Widerrede bot.

In Freiburg traf Eucken auf zwei gleichgesinnte Rechtswissenschaftler, Franz Böhm und Hans Großmann-Doerth, die dieselbe Frage umtrieb wie ihn: Wie geht man mit dem Phänomen der Macht in einer freien Gesellschaft um? Hintergrund war die Erfahrung in der Weimarer Republik, die von einer steten Krisenhaftigkeit geprägt war, wie sie sich wirtschaftlich in der Hyperinflation von 1923 und ab 1929 in der Weltwirtschaftskrise und massiver Unterbeschäftigung widerspiegelt. Auch findet sich ab 1919 eine zunehmende Konzentration und Kartellierung in der deutschen Industrie, gepaart mit dem nicht selten erfolgreichen Versuch, auf die Politik Einfluss zu nehmen. Wer einmal das 1931 fertiggestellte Gebäude der I. G. Farben in Frankfurt am Main gesehen hat – das heute Teile der Goethe-Universität beherbergt –, weiß, wie wirtschaftliche Machtzusammenballung architektonisch aussieht. Angesichts der wachsenden wirtschaftlichen und politischen Verwerfungen und der „Massenprobleme in der Massendemokratie"[2] wuchs unter liberalen Denkern die Einsicht, dass neue Organisationsformen im Verhältnis von Wirtschaft und Staat unabdingbar seien.

Hierin liegt die Geburtsstunde des eben erwähnten Ordoliberalismus der drei Freiburger. Es geht ihnen um eine Ordnung der Wirtschaft, die sich Macht und Privilegiensuche widersetzen kann. Die Betonung eines „starken Staates" als Regelsetzer ist die zentrale Idee des Ordoliberalismus – ganz im Sinne des Schiedsrichters aus Kapitel 1. Ordnung ist die Voraussetzung für wirtschaftliche und gesellschaftliche Freiheit. Die wirtschaftliche Ordnung ist dabei nicht unabhängig von den anderen Teilordnungen der Gesellschaft, es besteht, ganz im Sinne der Historischen Schule, vielmehr eine „Interdependenz der Ordnungen“. Anders als gerne von Kritikern des Ordoliberalismus lanciert, meint der starke Staat aber gerade keinen totalen Staat, der bis ins Detail das Leben der Menschen vorgibt und kontrolliert (man denke als Beispiel etwa an die Null-Covid-Strategie Chinas), sondern einen wirkmächtigen Staat, der Spielregeln effektiv und im Sinne der Gesellschaft umzusetzen weiß.

Sein theoretisches Fundament fand der Ordoliberalismus, der aufgrund seines Entstehungsortes auch unter dem Begriff Freiburger Schule firmiert, in Euckens erstmals 1940 veröffentlichten und trotz des Krieges vielfach rezipierten *Grundlagen der Nationalökonomie*. In diesem Buch gelingt Eucken ein brillanter intellektueller Schachzug. Zitat Eucken: „Deshalb besteht eine große Aufgabe darin, dieser neuen industrialisierten Wirtschaft mit ihrer weitgreifenden Arbeitsteilung eine funktionsfähige und menschenwürdige Ordnung der Wirtschaft zu geben, die dauerhaft ist.“[3] Beides muss gelingen: Markt und Wettbewerb – und mit ihnen die Fähigkeit zu Effizienz, Koordination und Innovation – müssen Hand in Hand gehen mit dem unhintergehbaren Ziel, Menschen die Möglichkeit zu eröffnen, ein menschwürdiges und gelingendes Leben in Freiheit zu führen. Euckens seelenverwandte Mitstreiter Wilhelm Röpke und Alexander Rüstow, die bereits 1933 vor den Nationalsozialisten ins Exil in die Türkei geflohen waren, sprachen in diesem Zusammenhang von der Notwendigkeit, Wirtschaft auch „jenseits von Angebot und Nachfrage“ (Röpke) zu denken, um so zu einer dem Menschen dienlichen „Vitalpolitik“ (Rüstow) zu gelangen.[4] Neoliberalismus, wie sie ihn begriffen, war gerade kein *Laissez-faire* – wie er heute gerne missverstanden wird –, sondern geordnete und verantwortete Freiheit. Die ausdrückliche Betonung staatlicher Rahmensetzung und sozialer Einbettung unterscheidet sich auch von einem Neoliberalismus angelsächsischer Prägung, der stärker auf marktliche Lösungen setzt und mit Namen wie Friedrich August von Hayek und Ludwig von Mises verbunden ist. Ein hohes Maß gegenseitiger Wertschätzung bestand zwischen diesen Denkern dennoch.[5]

Wir sind Ihnen noch kurze Erläuterungen zu den beiden juristischen Mitstreitern von Eucken schuldig. Hans Großmann-Doerth fiel bereits 1944 im Krieg und ist heute weitestgehend vergessen, war aber wesentlich für die programmatische Positionierung der Freiburger Schule. Franz Böhm war nicht nur ein äußerst talentierter Wissenschaftler, dessen Freiburger Habilitationsschrift *Wettbewerb und Monopolkampf* den jungen Ordoliberalismus maßgeblich mitbeeinflusste, sondern nach dem Krieg auch ein politischer Gestalter, unter anderem als Bundestagsabgeordneter. Seine Handschrift ist deutlich erkennbar bei der Etablierung des Gesetzes gegen Wettbewerbsbeschränkungen, das 1958 in Kraft trat, bis heute die Soziale Marktwirtschaft als machtfreie Wettbewerbsordnung prägt und auch das europäische Recht maßgeblich beeinflusst hat. Böhm, dessen Schwiegermutter die bekannte Schriftstellerin und Historikerin Ricarda Huch war, setzte sich während der NS-Zeit für jüdische Mitbürgerinnen und Mitbürger ein, was 1940 zum Entzug seiner Lehrbefugnis führte. Nach dem Krieg war er zeitweilig Delegationsführer bei den Wiedergutmachungsverhandlungen der Bundesrepublik mit Israel und der langjährige Vorsitzende der Gesellschaft für Christlich-Jüdische Zusammenarbeit in Frankfurt am Main. Möchten Sie ihn in einer Nebenrolle kennenlernen, empfehlen wir Ihnen den wunderbaren Kriminalroman *Die Experten* von Merle Kröger aus dem Jahr 2021.

Mit Böhm kommen wir auch zurück zum Widerstand der Freiburger. Die Schrecken der „Reichskristallnacht" vom 9. auf den 10. November 1938 und die Zerstörung der Freiburger Synagoge wurden für einige Freiburger Universitätslehrer und Pfarrer zu einem Schlüsselerlebnis, um sich gegen das nationalsozialistische Regime zu organisieren. Der Historiker Gerhard Ritter, später führendes Mitglied in den sogenannten Freiburger Kreisen, schrieb wenige Tage nach diesem Vorfall folgende Zeilen an seine Mutter: „Was wir in den letzten beiden Wochen erlebt haben [...], ist das Beschämendste und Schrecklichste, was seit langen Jahren geschehen ist. Wohin sind wir gekommen!!! [...] Ach wenn man hoffen könnte, dass es der Anfang würde einer inneren Umkehr und Besinnung bei denen, die für das alles verantwortlich sind! Aber kann man das ernstlich hoffen?"[6] Wohl auf Initiative der beiden Ökonomen Constantin von Dietze und Adolf Lampe, die zwar beide der Freiburger Schule nahestanden, aber nicht zu deren engerem Kreis zu zählen sind, gründete sich in Reaktion auf diese Schreckenstat eine sich regelmäßig treffende Gruppe von Oppositionellen, der sich Böhm anschloss. Von Dietze war 1937 an die Universität Freiburg gewechselt, nachdem er sich als Kritiker des Nationalsozialismus und als engagiertes Mitglied der sogenannten Bekennenden Kirche an der Universität der Hauptstadt, der Berliner Friedrich-Wilhelms-Universität, nicht mehr halten konnte. In Freiburg traf von Dietze auf eine offene akademische Gesinnung und Freunde, die seine religiösen und ethischen Überzeugungen teilten. Insbesondere mit Walter Eucken, mit dem von Dietze schon aus gemeinsamer Berliner Zeit bekannt war, verband ihn die wissenschaftliche, aber vor allem auch die persönliche Zusammenarbeit. Adolf Lampe lehrte ab 1926 in Freiburg. Schon bald geriet er in Opposition zur nationalsozialistischen Ideologie, vor allem auch deshalb, weil er deren wirtschaftstheoretische und -politische Vorstellungen ablehnte.

Einen besonderen Impuls erhielt die Zusammenarbeit der Freiburger durch eine Bitte des Berliner Pfarrers und führenden Mitglieds der Bekennenden Kirche, Dietrich Bonhoeffer, der mit von Dietze bekannt war. Bonhoeffer bat um eine Denkschrift, die Ideen liefern sollte für eine Gesellschaftsordnung nach dem Krieg. Die Denkschrift enthielt mehrere Anhänge, unter anderem einen zur Wirtschafts- und Sozialordnung, den Eucken, von Dietze und Lampe ausarbeiteten. Inhaltlich bietet diese Schrift bereits vieles von dem, was später charakteristisch für die Soziale Marktwirtschaft werden sollte. Der Mensch als „sittliche Persönlichkeit" steht dabei im Mittelpunkt der Ordnungskonzeption: „Die Wirtschaft hat den lebenden und künftigen Menschen zu dienen, ihnen zur Erfüllung ihrer höchsten Bestimmungen zu helfen. Mit materiellen Kräften allein lässt sich das menschliche Leben nicht erträglich gestalten, ist auch keine Volkswirtschaft lebensfähig aufzubauen. Sie bedarf der gesicherten Rechtsordnung und der festen sittlichen Grundlage."[7] Die Forschung der letzten Jahre hat gezeigt, dass die Rolle der Freiburger Nationalökonomen als wirtschaftspolitische „Ideengeber" für den bürgerlichen Widerstand und auch für weitere Widerstandskreise weitaus bedeutender war, als lange Zeit angenommen wurde. Auch entstanden im Umfeld dieser oppositionellen Freiburger Kreise weitere Gutachten und Protokolle, welche die Diskussionen insbesondere im Umfeld des späteren Beirats beim Bundeswirtschaftsministerium geprägt haben.

Doch zurück zum Anfang dieses Kapitels: Nach dem missglückten Attentat auf Hitler am 20. Juli 1944 wurden einige Freiburger inhaftiert und zum Tode verurteilt. Zum Glück konnten sie von den Alliierten befreit werden, bevor die Urteile vollstreckt wurden – so auch bei von Dietze und Lampe. Auch in dieser Hinsicht ist die Soziale Marktwirtschaft nicht vom Himmel gefallen, trotz der klösterlichen Inspiration bei der Begriffsfindung durch Müller-Armack, sondern ihre Konzeption war auch ein Resultat im Kampf gegen die menschen- und freiheitsverachtende nationalsozialistische Diktatur.

Ein Rätsel muss zum Abschluss dieses Kapitels noch geklärt werden: Wie kommen die Ordoliberalen und Erhard zusammen? Es ist schwierig festzustellen, ab wann Erhard ordoliberale Überlegungen in sein eigenes Gedankengebäude aufgenommen hat. Fest steht aber, dass Erhard – wie es die französische Germanistin und Wirtschaftshistorikerin Patricia Commun auf den Punkt gebracht hat – kein „Ordoliberaler ante Ordoliberalismus" war. Es spricht allerdings einiges dafür, dass Erhard führende Köpfe des Ordoliberalismus, allen voran Alexander Rüstow, bereits vor dem Krieg kannte und gemeinsam mit ihnen die drohenden Einschränkungen liberaler Wirtschaftspolitik durch Konservative und Nationalsozialisten verurteilte. Gegen Ende des Krieges wurde das bis dahin eher lose intellektuelle Band zwischen den ordoliberalen Vordenkern und Erhard stärker, was insbesondere mit Wilhelm Röpke zusammenhängt. Dessen Buch *Die Gesellschaftskrisis der Gegenwart*, das 1942 erschien, hat Erhard tief beeindruckt – inhaltlich, aber auch aufgrund seines literarischen Stils und vieler eindrücklicher Formulierungen, die Erhard später in seinen Reden und Schriften zum Teil wortwörtlich übernahm.[8] Die Formulierung „Wohlstand für Alle“ findet sich übrigens auch schon bei Röpke.

Das bleibende Grundmotiv im Verhältnis von Erhard und Freiburger Schule ist das folgende: Die Freiburger argumentierten stets strikt wissenschaftlich konsequent im Sinne der Errichtung einer streng durchdachten Wirtschaftsordnung, Erhard dagegen lockerte wesentliche Elemente dieses Wirtschaftsordnungskonzepts auf, um durch Kompromisse mit Vertretern anderer wirtschaftspolitischer Konzeptionen die Grundrichtung seiner Wirtschaftspolitik und den Aufbau einer Sozialen Marktwirtschaft nicht aufs Spiel zu setzen. Eine wichtige vermittelnde Rolle kam Leonhard Miksch zu, den wir aus dem vorangegangenen Kapitel kennen. Denn er war nicht nur Mitarbeiter Erhards, sondern hat auch bei Eucken promoviert und habilitiert. Zusammengefasst: Weder war Erhard nur der politische Erfüllungsgehilfe der in Freiburg erdachten Ordnungsgrundsätze, noch waren die Ordoliberalen – wie es aber bis heute gängiges Urteil ist – lediglich theoretische Denker im wissenschaftlichen Elfenbeinturm, die sich der politischen Zugkraft Erhards und dem Projekt einer Sozialen Marktwirtschaft andienten. Vielmehr fochten beide ihren eigenen Kampf, wohlwissend, dass sie dieselben Ziele in den Blick nahmen: eine freie Gesellschaft, für die Markt und Wettbewerb unverzichtbar ist, und eine Wettbewerbsordnung, die jeder Form von Vermachtung entgegenstehen soll und die der staatlichen Durchsetzung bedarf.

Kapitel 4
20. Februar 1967 – Die Kunst des Kompromisses

Die Kunst des Kompromisses war nicht die Sache von Franz Josef Strauß, 1915 in München geboren. Schon mit 38 Jahren war er Bundesminister für besondere Aufgaben, später Bundesminister für Atomfragen und noch ein wenig später für Verteidigung in den Kabinetten von Konrad Adenauer. Über Helmut Kohl soll er einmal gesagt haben: „Der wird nie Kanzler werden. Der ist total unfähig; ihm fehlen alle charakterlichen, geistigen und politischen Voraussetzungen. Ihm fehlt alles." Nun ja, jeder kann sich einmal irren. Er selbst wollte 1980 gegen Helmut Schmidt Bundeskanzler werden, und einer der Co-Autoren erinnert sich, wie er, im zarten Alter von zehn Jahren, bei einem Wahlkampfauftritt auf Sylt ein Autogramm von ihm ergatterte.

Von 1978 bis 1988 war Strauß ein erfolgreicher bayerischer Ministerpräsident, aber was uns hier interessiert ist ein anderes Amt. Nach seinem Rücktritt als Verteidigungsminister im Jahr 1962 – er hatte erfolglos versucht, dem investigativen Journalismus ein Bein zu stellen, was als „Spiegel-Affäre" in die Geschichte der Bundesrepublik einging – feierte er 1966 als Bundesminister der Finanzen in der Großen Koalition unter Bundeskanzler Kurt Georg Kiesinger ein Comeback. Sein Gegenüber als Bundeswirtschaftsminister – erst der dritte in diesem Amt – war Karl Schiller. Schon bald bekommen die beiden die Spitznamen „Plisch und Plum" nach den beiden frechen Hunden in einer Bildergeschichte von Wilhelm Busch, ungleich in der Gestalt wie Strauß und Schiller: der eine gedrungen, der andere hager.

Karl Schiller, 1911 in Breslau geboren, erlebte in seinen Amtsjahren turbulente Zeiten – der Wirtschaftshistoriker Jan-Otmar Hesse nennt ihn „einen Wirtschaftsminister im permanenten Ausnahmezustand". Es war die Zeit der internationalen Währungskrisen, mit dem endgültigen Zusammenbruch des Bretton-Woods-Systems der festen Wechselkurse 1973. Auch binnenwirtschaftlich gab es strukturelle Veränderungen – der Bergbau und die Textilindustrie standen unter Anpassungsdruck, auch waren der Bankensektor und der Wohnungsbau am Ende der unmittelbaren Wiederaufbauphase neu aufzustellen.

Schiller war ein Wanderer zwischen den Welten. 1947 wurde er als Professor für Volkswirtschaftslehre an die Universität Hamburg berufen, ein Jahr später übernahm er das Amt des Senators für Wirtschaft und Verkehr in Hamburg, das er bis 1953 innehatte. Sein persönlicher Referent in jenen Jahren war der spätere Bundeskanzler Helmut Schmidt – übrigens 1972 auch sein Nachfolger, zunächst als Superminister für Finanzen und Wirtschaft, dann als Bundesfinanzminister bis 1974. Nach einem weiteren akademischen Intermezzo, unter anderem als Rektor der Universität Hamburg, war er von 1961 bis 1965 unter dem Regierenden Bürgermeister Willy Brandt Senator für Wirtschaft in Berlin, bevor es schließlich in die Bundespolitik ging. Als Wirtschaftswissenschaftler war er modern – und das hieß in jenen Jahren: Er war aufgeschlossen gegenüber den Ansätzen des britischen Ökonomen John Maynard Keynes, dessen Ideen einer nachfrageorientierten und antizyklischen Wirtschaftspolitik er in seine konzeptionellen Überlegungen aufnahm. Ganz von der Ordnungspolitik seines großen Vorgängers Ludwig Erhard wollte er aber auch nicht lassen, er versuchte eine „Synthese von Freiburger Imperativ und Keynesianischer Botschaft" zu schaffen, wie es der langjährige Staatssekretär im Bundeswirtschaftsministerium Otto Schlecht einmal ausdrückte.[1] Es ist wohl im Wesentlichen Schiller zu verdanken, dass die SPD sich in ihrem Godesberger Programm von 1959 (das bis 1989 die offizielle Marschroute der Partei war) ausdrücklich zur

Marktwirtschaft bekannte. Schon 1953 formulierte es Schiller wahlkampftauglich so: „Wettbewerb soweit wie möglich, Planung soweit wie nötig!“[2]

In der Verbindung von wettbewerbsorientierter Ordnungspolitik und Konjunktursteuerung (Prozesspolitik) zielte Schiller auf eine „Globalsteuerung“ der Wirtschaft. Die Grundidee dahinter war der Versuch einer konjunkturpolitischen Feinsteuerung der wirtschaftlichen Entwicklung durch eine Abstimmung fiskal-, geld- und einkommenspolitischer Maßnahmen. Es ging in gewisser Weise tatsächlich um Planung: Wie können die makroökonomischen Größen so bestimmt und gelenkt werden, dass sie einem „angemessenen“ Wachstum dienlich sind und konjunkturelle „Dellen“ ausgeglichen werden? Wettbewerb ist dabei ein Instrument, um einen entsprechenden Wachstumspfad zu erreichen. Hören wir Schiller im Original – und damit auch seinen mäßig unterhaltsamen Stil:

> Für die Regelung der einzelwirtschaftlichen Beziehungen ist der Wettbewerb das adäquate Mittel, damit die Kombination der Produktionsfaktoren tendenziell in Übereinstimmung mit den Konsumentenwünschen und in optimaler Kostenlage erfolgt. Die Steuerung über diese doppelte Rechenoperation genügt aber nicht, um gewisse gesamtwirtschaftliche Ziele [...] zu erreichen. Hierzu bedarf es der planvollen makroökonomischen Beeinflussung der Kreislaufgrößen. Die optimale Zuordnung der Lenkungsmittel besteht demnach in der kombinierten Anwendung des Prinzips der Selbststeuerung für die Mikrorelationen und der Globalsteuerung für die Makrorelationen. Hier ist also logisch kein Widerspruch gegeben; selbstverständlich kann es in der Realität Widersprüche geben.[3]

Festgeschrieben finden sich diese Gedanken im 1967 in Kraft getretenen und von Schiller maßgeblich beeinflussten Gesetz zur Förderung der Stabilität und des Wachstums der Wirtschaft (StabG) und den dort benannten Zielen der Stabilität des Preisniveaus, eines hohen Beschäftigungsstandes, außenwirtschaftlichen Gleichgewichts und stetigen und angemessenen Wirtschaftswachstums. Es wird auch gern als „magisches Viereck" bezeichnet, da die Ziele zwar gleichrangig sind, aber nicht immer gleichzeitig zu verwirklichen sind. So war man lange Zeit der Meinung, dass es schwierig sei, parallel Preisniveaustabilität und annähernde Vollbeschäftigung zu erreichen. Helmut Schmidt brachte diesen Gedanken 1972 einmal so auf den Punkt: „Mir scheint, dass das deutsche Volk – zugespitzt – fünf Prozent Preisanstieg eher vertragen kann als fünf Prozent Arbeitslosigkeit." Die Überlegung, dass sich mit Inflation die Beschäftigung auf die Dauer erhöhen lasse, war vermutlich schon damals falsch, heute hat sie wenig mit der ökonomischen Realität zu tun. Da halten wir es doch lieber mit Schmidts Aussage: „Wer Visionen hat, sollte zum Arzt gehen."

Aber zurück zu Schiller und Strauß: Nach Jahren des „Wirtschaftswunders" kühlte sich die Konjunktur merklich ab, 1967 schrumpfte das reale Bruttoinlandsprodukt (BIP) – also die Summe aller in einem Jahr produzierten Waren und Dienstleistungen – erstmals seit Kriegsende. Die beiden Minister blieben nicht untätig und legten, ganz in keynesianischer Manier und in weiser Vorahnung, was das Jahr (nicht) bringen wird, bereits im Februar 1967 ein erstes Konjunkturprogramm von 2,5 Milliarden D-Mark auf, ein weiteres folgte im September – mit einem mehr als doppelt so hohen Volumen. Und der Erfolg schien den beiden recht zu geben: Die Wirtschaftsleistung zog an, 1968 wuchs das BIP schon wieder um fünfeinhalb Prozent, 1969 waren es sogar siebeneinhalb Prozent, die Arbeitslosigkeit ging deutlich zurück. Also alles richtig gemacht! Oder doch nicht?

Ganz so einfach ist es nicht. Rückblickend scheinen es nicht so sehr Schillers Globalsteuerung und die Konjunkturprogramme gewesen zu sein, die die Wende brachten. Allein schon die kurze Frist, in der die Konjunkturprogramme wirksam geworden sein sollen, muss einen skeptisch machen. Es war wohl eher der Anstieg der Exporte, gepaart mit Zinsensenkungen der Bundesbank, der den Trend umkehrte. Aber es ist eine andere Sache, die Schiller auf den Weg gebracht hat und die bis heute für viele Vorbildcharakter hat: die Idee der Konzertierten Aktion. Der Gedanke dahinter: ein „runder Tisch der gesellschaftlichen Vernunft", wie es Schiller formulierte. Ziel war es, Vertreter aus Wirtschaft, Gewerkschaften, Politik und Wissenschaft zusammenzubringen, um wirtschaftspolitische Kompromisse zu finden. Zum ersten Mal kam man am 20. Februar 1967 zusammen, unserem zentralen Datum in diesem Kapitel. Für eine gewisse Zeit funktionierte das: Arbeitgeber und Arbeitnehmer vereinbarten moderate Lohnabschlüsse, die der konjunkturellen Erholung dienlich waren. Bis 1977 gab es 40 kooperative Verhandlungsrunden, dann entzweite man sich über Unstimmigkeiten beim Mitbestimmungsgesetz.

Im Nachhinein wird die Konzertierte Aktion oft als Fehlschlag beurteilt, da Schiller keine beständige Institution etablieren konnte. Uns erscheint diese Einschätzung zu vereinfacht, denn man wird kaum erwarten können, dass sich auf Dauer ein Gremium zusammenbringen lässt, das verlässlich alle gesellschaftlichen Konflikte entschärft. Problemlagen ändern sich, entsprechend müssen sich auch die Interessengruppen und deren Vertreter ändern, die immer wieder neu Lösungen aushandeln. Hier schließt sich der Kreis zur sozialen Irenik von Alfred Müller-Armack, die wir uns in Kapitel 1 näher angeschaut haben. Es geht um den versöhnlichen Ausgleich unterschiedlicher Positionen in einer Gesellschaft. So kann man den Versuch von Bundeskanzler Olaf Scholz belächeln, der im Juli 2022 die Konzertierte Aktion wiederzubeleben versuchte – eine Initiative, die dann bereits im Februar des folgenden Jahres scheiterte. Dennoch bleibt das Anliegen berechtigt, und hierin hat Schiller Maßstäbe zur Beantwortung jener Frage gesetzt, die der Konzertierten Aktion zugrundeliegt: Wie können wir in Krisenzeiten die berechtigten Interessen in der Gesellschaft zusammenbringen?

Dass eine Konzertierte Aktion nur eine temporäre Angelegenheit sein kann, ergibt sich auch noch aus einem anderen Grund: Es besteht bei verfestigten Verhandlungsgruppen die Gefahr, dass aus der ernsthaften Suche nach Kompromissen gegenseitige Gefälligkeiten werden. Statt eines ernsthaften Interessenausgleichs auf Augenhöhe lässt man sich auf einen „Kuhhandel" ein: Unterstütz' du mein Vorhaben (auch wenn du eigentlich dagegen bist), dann trage ich auch dein Anliegen mit (auch wenn ich es für falsch halte). Der Ökonom Guy Kirsch hat es folgendermaßen auf den Punkt gebracht: „Runde Tische sind gefährliche Möbel."[4] Konzertiere Aktionen funktionieren höchstens auf Zeit – und müssen sich immer wieder neu finden.

Schillers sachlicher, fast schon technokratischer Charakter hatte Sogwirkung. Er wurde zum Heilsbringer. Der Politologe und Schiller-Biograf Torben Lütjen beschreibt es markant so: „Vor Schillers rasantem Aufstieg zum Bonner Superstar hätte wohl niemand gedacht, dass einmal der Typus des distanzierten Universitätsprofessors eine Bundestagswahl entscheiden könnte. Genau das aber passierte 1969 bei der berühmten ‚Schiller-Wahl', als der sozialdemokratische Wirtschaftsminister als eine Art Anti-Volks-Tribun durch die Republik zog und den Wahlkampf in ein kompliziertes Oberseminar zur Frage der Aufwertung der D-Mark verwandelte. Wohl niemals zuvor in der Geschichte der Bundesrepublik – und gewiss nie mehr danach – besaßen wissenschaftliche Expertise und die Wirtschaftswissenschaften im Speziellen eine solche Aura beinahe schon unfehlbarer Autorität."[5] Am 13. Mai 1971 erreichte er den Zenit seiner Karriere: Nach dem Rücktritt des Finanzministers Alex Möller übernahm er auch dieses Ressort und wurde zum „Superminister" im Kabinett von Bundeskanzler Willy Brandt.

Doch so steil der Aufstieg von Schiller in den Politikhimmel war, so rasch folgte sein Absturz. Schiller war Marktwirtschaftler, doch er musste erleben, dass sein Gedanke der Globalsteuerung von der eigenen Partei mehr und mehr zu einem Projekt der galoppierenden Staatseingriffe umgebaut wurde. Beispielhaft zeigt sich das in der Debatte über den Plan, die Unternehmensbesteuerung zu erhöhen. Auf dem SPD-Parteitag im Dezember 1971 rief er seinen Parteikolleginnen und -kollegen zu: „Genossinnen und Genossen, ich bitte bei diesem Punkt: Lasst die Tassen im Schrank. 58 Prozent für die Aktiengesellschaften sind zu hoch in der Bundesrepublik. Wir kommen wettbewerbsmäßig unter'n Schlitten." Entnervt trat Schiller im Juli 1972 von seinem Amt als Bundesminister zurück, im September gab er sogar sein Parteibuch ab. Gekränkt in seiner Eitelkeit macht er gemeinsam mit Ludwig Erhard im selben Jahr Werbung für die CDU, indem sie beide in einer Anzeigenkampagne als Hüter der Sozialen Marktwirtschaft auftreten. Erst 1980 trat er wieder der SPD bei.

War Karl Schiller tatsächlich ein Hüter der Sozialen Marktwirtschaft oder hat er das Erbe Ludwig Erhards verspielt? Das Ergebnis muss ambivalent ausfallen: Er selbst war zutiefst davon überzeugt, die Soziale Marktwirtschaft zu erneuern und sie in der Verknüpfung mit keynesianischen Elementen auf die Höhe der (akademischen) Zeit zu führen. Doch in gewisser Weise verlor er die Kontrolle über sein Experiment – er erinnert ein wenig an Goethes Zauberlehrling. Seine Ideen der Globalsteuerung öffneten Tür und Tor für staatlichen Interventionismus, ohne weiterhin einen sozial-marktwirtschaftlichen Kompass in der Hand zu haben. Aus der Kunst des Kompromisses wurde ein *Muddling-through*, ein „Sichdurchwurschteln" in der Wirtschaftspolitik. Der kommende Bundeskanzler der sozialliberalen Koalition Helmut Schmidt wurde darin ab 1972 als Nachfolger von Schiller ein Meister. Der gern als „Weltökonom" bezeichnete Kanzler war – auch wenn wir damit vielleicht den einen oder anderen *ZEIT*-Leser verärgern – trotz seiner weltmännischen Attitüde und seiner Verdienste um die Kooperation in der Weltwirtschaft kein großartiger Ökonom, sondern eher ein Könner für schnelle, handhabbare Lösungen, basierend auf dem vertraulichen Gespräch unter Politikern. Vielleicht blieb ihm angesichts steigender Arbeitslosenzahlen und in

Zeiten der multiplen Krisen („Ölpreisschock" und das gleichzeitige Auftreten von Inflation und Stagnation) auch nichts anderes übrig.

Rhetorisch erlebte eine wettbewerbsorientierte Soziale Marktwirtschaft ihre Renaissance am Ende der sozialliberalen Regierungszeit. Es war Helmut Schmidt selbst, der seinen damaligen Wirtschaftsminister Otto Graf Lambsdorff aufforderte, ein wirtschaftspolitisches Grundsatzpapier vorzulegen. Das tat er – und das sogenannte Lambsdorff-Papier besiegelte das Ende der bestehenden Koalition, weil in dem Text Schmidts keynesianisch inspirierte und wenig nachhaltig ausgerichtete Wirtschaftspolitik zumindest indirekt harsch kritisiert wurde. Verfasst wurde das Papier übrigens sicher nicht von Lambsdorff alleine, sondern – wie es sich für gute leitende Beamte gehört – maßgeblich auch von zweien seiner Mitarbeiter: Staatssekretär Otto Schlecht, den wir schon zu Beginn des Kapitels kennengelernt haben, und dem damaligen Leiter der Abteilung Wirtschaftspolitik im Ministerium Hans Tietmeyer, der später Bundesbankpräsident werden sollte. Inwieweit Schmidts Nachfolger im Amt, Helmut Kohl, wirtschaftspolitisch dem Papier auch Taten folgen ließ, werden wir im kommenden Kapitel noch etwas näher beleuchten. Klar ist aber, dass ordoliberale Argumente erneuert wurden und man auf die Wiederbelebung privater Investitionen sowie auf die Begrenzung der Lohnkosten und Sozialausgaben setzte. Das Lambsdorff-Papier war kein radikaler Neuanfang, wie es die „neoliberale Wende" unter Margaret Thatcher in Großbritannien und Roland Reagan in den USA angekündigt hatte, sondern eher die Rückkehr zu bekannten Pfaden. Unser Freund und Kollege Gerhard Wegner hat es treffend umschrieben: „Das Lambsdorff-Papier dokumentiert, dass neue Beiträge zum Liberalismus oft nicht aus originär neuen Ideen bestehen müssen, sondern vielmehr aus der Aktualisierung bekannter liberaler Grundsätze und ihrer Anwendung auf gegenwärtige Herausforderungen."[6] Nun ist es aber an der Zeit, ein neues Kapitel im Buch und in der deutschen Geschichte aufzuschlagen.

Kapitel 5
1. Juli 1990 – Die Zäsur

Erinnern Sie sich noch an Gustav Schmoller, unseren Starökonomen aus Kapitel 1? Mit guten Gründen könnte man in Hans-Werner Sinn den Schmoller unserer Zeit sehen. Der gebürtige Ostwestfale ist ein international hoch angesehener und vielfach ausgezeichneter Volkswirt, aber auch ein gern gesehener Gast in Talkshows und anderen medialen Formaten. Ein Wissenschaftler mit großem Wiedererkennungswert – nicht nur aufgrund seines markanten Abraham-Lincoln-Gedächtnisbartes, wie es der Wirtschaftsredakteur der *Süddeutschen Zeitung* Caspar Busse einmal ausdrückte, sondern auch wegen seiner provokanten Thesen und ungebremsten Diskussionsfreude. Einem breiten Publikum bekannt machte den heute 77-Jährigen, der lange Zeit in München lehrte und forschte, 1991 das gemeinsam mit seiner Frau Gerlinde Sinn verfasste Buch *Kaltstart*.[1]

In diesem Buch untersuchen die beiden Sinns die wirtschaftlichen Folgen der deutschen Wiedervereinigung. Anders als viele Ökonominnen und Ökonomen in jenen Jahren kritisiert das Autorenduo nicht so sehr den Umtauschkurs von 1 : 1 bei der Währungsunion von DDR und Bundesrepublik, sondern sieht eher im rasanten Prozess der Lohnangleichung und der unzureichend geklärten Eigentumsrechte wesentliche Hürden für eine erfolgreiche wirtschaftliche Transformation.

Schauen wir zurück: Am späten Abend des 9. November 1989 öffnete zuerst der Grenzübergang Bornholmer Straße in Berlin für ausreisewillige DDR-Bürger. Rund 20 000 Menschen gelangten binnen einer Stunde in den Westen. Die Öffnung der Grenze, die kurz zuvor der damalige Sekretär des Zentralkomitees für Informationswesen Günter Schabowski mit einem „sofort, unverzüglich" unterlegt hatte, veränderte die Welt. Gleichzeitig kamen auch unterschiedliche „Welten" zusammen. Eine Bonner Republik, die, ohne es zu ahnen, ihren goldenen Herbst erlebte – mit einem beständigen Wachstumspfad, Preisniveaustabilität und einem vergleichsweise soliden Bundeshaushalt, der auch von satten Bundesbankgewinnen profitierte. Freilich gab es auch im Westen Schwierigkeiten: eine recht hohe und strukturell verfestigte Arbeitslosigkeit von mehr als zwei Millionen Menschen, eine freigiebige Subventionspolitik und keine erkennbare wirtschafts- und finanzpolitische Strategie. Gerade in der Rentenpolitik versuchte man es mit „Aussitzen" – eine Vorgehensweise, die auch derzeit bei diesem Thema wieder *en vogue* zu sein scheint. Aber insgesamt war es – nennen wir es mal so: behaglich.

Anders in der Deutschen Demokratischen Republik: Der von Michail Gorbatschow Mitte der 1980er Jahre eingeleitete Prozess von Glasnost und Perestroika, mit dem Ziel der wirtschaftlichen und gesellschaftlichen Erneuerung der Sowjetunion, führte mehr und mehr auch zu einer politischen Legitimationskrise in der DDR und ließ die bestehenden Strukturen brüchig werden. Auch wirtschaftlich näherte sich Ostdeutschland dem Bankrott an. Über Jahre versäumte man es, in den industriellen Wandel und in die Infrastruktur zu investieren – durch die Sicherstellung eines einigermaßen stabilen Lebensstandards für die Bevölkerung erkaufte sich die Regierung eine Weile Ruhe. Dennoch: Volkswirtschaftlich lebte die DDR systematisch über ihre Verhältnisse und nahm den Verfall des Kapitalstocks billigend in Kauf. Gepaart mit den politischen Umwälzungen wurde aus Ruhe in jenen Jahren Unruhe. Insgesamt war die Situation in Ostdeutschland – nennen wir es mal so: explosiv.

Der kollektive Glücksfall der friedlichen Revolution in Ostdeutschland fand formal einen wichtigen Meilenstein in dem Vertrag über die Schaffung einer Währungs-, Wirtschafts- und Sozialunion mit Wirkung zum 1. Juli 1990, unserem zentralen Datum in diesem Kapitel. Ein wichtiger Tag auch für die Soziale Marktwirtschaft, denn zu Beginn des Gesetzestextes lesen wir:

> Die Hohen Vertragsschließenden Seiten [sind] dank der Tatsache, dass in der Deutschen Demokratischen Republik im Herbst 1989 eine friedliche und demokratische Revolution stattgefunden hat, entschlossen, in Freiheit die Einheit Deutschlands in einer europäischen Friedensordnung alsbald zu vollenden, in dem gemeinsamen Willen, die *Soziale Marktwirtschaft* als Grundlage für die weitere wirtschaftliche und gesellschaftliche Entwicklung mit sozialem Ausgleich und sozialer Absicherung und Verantwortung gegenüber der Umwelt auch in der Deutschen Demokratischen Republik einzuführen und hierdurch die Lebens- und Beschäftigungsbedingungen ihrer Bevölkerung stetig zu verbessern.

Die Hervorhebung im Text oben ist von uns. Aber mit diesem Vertrag wurde die Soziale Marktwirtschaft ein gesamtdeutsches Projekt – ein Umstand, den wir hervorheben wollen. Nebenbei: Für die offizielle Währungsumstellung am 1. Juli in der DDR wählte man wie bei der Währungsreform in Westdeutschland 1948 wieder einen Sonntag – und erneut war es ein wolkiger Tag mit ein wenig Regen.

Die erfreuliche Zusammenführung von Ost und West – durch den Einigungsvertrag mit Wirkung zum 3. Oktober 1990 und mit der gesamtdeutschen Wahl zum Deutschen Bundestag am 2. Dezember 1990 – führte auf der Kehrseite nicht selten zu schwierigen individuellen Schicksalen in Ostdeutschland und im rechtlich vereinten Land zu massiven volkswirtschaftlichen Spannungen.

Lassen wir dazu ein paar Zahlen sprechen: Die Arbeitsproduktivität der ehemaligen DDR lag 1991 im Vergleich zu Westdeutschland bei unter 40 Prozent. Die Angleichung mit der Bundesrepublik verlief zwar recht zügig (zur Jahrtausendwende hatten die neuen Bundesländer schon 75 Prozent des Westniveaus erreicht), aber sie hat sich seitdem nur unmerklich verbessert und liegt seit einiger Zeit recht stabil bei rund 80 Prozent. Wie verlief die Anpassung des Lohnniveaus im gleichen Zeitraum? Noch innerhalb des Jahres 1990 stieg das ostdeutsche Lohnniveau relativ zum westdeutschen Lohnniveau von sieben auf 37 Prozent. Im Jahr 1992 war bereits ein relatives Niveau von 61,5 Prozent erreicht. Ab 1995 stagnierte das innerdeutsche Lohnverhältnis bei etwas mehr als 70 Prozent, und auch heute noch sind die Unterschiede erheblich: Während in Westdeutschland 2024 der durchschnittliche Bruttomonatsverdienst 4810 Euro beträgt, wird dieser Betrag in den neuen Bundesländern mit 3973 Euro mehr als 800 Euro bzw. um mehr als 17 Prozent unterschritten – nicht alles davon wird durch das weiterhin niedrigere Preisniveau im Osten ausgeglichen.[2] Machen wir also einen ersten Sinn-Check: In der Tat gab es nach dem Mauerfall einen rasanten Lohnanstieg, der anfangs den Zuwachs bei der Arbeitsproduktivität deutlich überstieg. Das hat sich mittlerweile angeglichen, aber die ungleiche Entwicklung der beiden Größen zu Beginn der Wiedervereinigung wird den Aufbau und die Ansiedlung neuer Unternehmen – und insbesondere von Großunternehmen mit ihren Zentralen – erschwert haben. Die neuen Länder haben außerdem eine enorme Auswanderung in den Westen erlebt, bei der besonders überproportional junge Frauen den Osten verließen. Die Vermutung des Ökonomen-Ehepaars hat sich also zumindest für die erste Zeit der Einheit bestätigt, wahrscheinlich mit langfristigen Folgen – im Sinne von Pfadabhängigkeiten – für eine schwächere wirtschaftliche Entwicklung in Ostdeutschland.

Machen wir auch gleich den zweiten Sinn-Check: Wie sah es mit den Eigentumsrechten aus? Etwas vereinfacht zusammengefasst, hoffte man das geschehene Unrecht durch Enteignungen in der DDR rückgängig machen zu können. Man favorisierte die

Rückführung an die ursprünglichen Besitzer (Naturalrestitution). Alternativ war eine finanzielle Entschädigung möglich. Die Obergrenze für den Marktwert lag bei 250 000 D-Mark. Die reale Rückführung von Eigentum ist für den Staat offensichtlich die deutlich günstigere Variante als eine finanzielle Entschädigung und zugleich ist es für die ehemaligen Eigentümer häufig die attraktivere Vorgehensweise, da sie zum einen auf Wertsteigerungen hoffen konnten und zum anderen verschiedentlich auch emotionale Bindungen an den früheren Besitz gegeben waren. Die Konsequenz: Ungefähr 1,1 Millionen Anträge wurden gestellt, die über zwei Millionen Forderungen beinhalteten, die sich im Wesentlichen auf Land und Gebäude bezogen. Mitte 1992 waren hiervon nur 170 000 Forderungen (= 8,5 Prozent) geklärt und auch bis 1995 war lediglich über ein Drittel der Fälle entschieden worden. Da die Eigentumsverhältnisse nur schleppend klargestellt werden konnten, stiegen die Preise für das ansonsten verfügbare Land deutlich an. Die Gründe für die langsame Bearbeitung lagen in der Anzahl an Antragstellern pro Grundstück, an fehlenden Registern der DDR, in der oftmals unklaren Rechtslage und in der hohen Anzahl an gestellten Forderungen. All das bremste die Investitionstätigkeit aus, zumal auch 30 Prozent der Betriebe an frühere Eigentümer zurückgegeben werden mussten. Zusammengefasst: Vieles spricht dafür, dass Sinn und Sinn bei ihrer Vermutung hinsichtlich der hemmenden Wirkung ungeklärter Eigentumsrechte auf die wirtschaftliche Entwicklung im Osten richtig lagen.

Die Hoffnung, durch die Privatisierung ostdeutscher (Groß-) Betriebe die Einheit mitzufinanzieren – dies war die ursprüngliche Erwartung von Bundeskanzler Helmut Kohl –, schlug ins Gegenteil um. Am Ende hatte die Treuhandanstalt, die mit dieser Aufgabe betraut war, 275 Milliarden D-Mark Verlust gemacht. Der fraglos notwendige einschneidende Umbau und die Modernisierung der Wirtschaftsstruktur der DDR waren in sozialer Hinsicht zudem mit massiven Belastungen vor allem für die ostdeutsche Bevölkerung verbunden. Immerhin: In der ersten Zeit stieg die Arbeitslosigkeit in Ostdeutschland nicht im gleichen Maße an, wie Beschäftigung abgebaut wurde. Mit umfangreichen Subventionen und Transferleistungen versuchte man die Situation abzumildern. Mit dem Auslaufen der Unterstützungsprogramme ab Ende der 1990er Jahre änderte sich das, ohne dass in gleicher Weise neue, innovative Produktionszweige aufgebaut worden waren. In gewisser Weise wurde Ostdeutschland zu einer „verlängerten Werkbank" für den Westen. Parallel stieg die Arbeitslosigkeit dramatisch an, 2006 erreichte sie im Osten mit fast 20 Prozent eine Höchstmarke, schlechter Qualifizierte und Frauen waren überproportional betroffen.

Noch ein Wort zur Sozialpolitik: Es ist sicherlich eine der großen Leistungen im Prozess der Wiedervereinigung, dass rasch – auch durch die Unterstützung westdeutscher Beamter und Experten – eine funktionierende Sozialbürokratie aufgebaut werden konnte, die für einen effektiven Sozialstaat nicht unterschätzt werden sollte. Zugleich kaufte sich das vereinte Deutschland damit zwei Probleme ein: Erstens fokussierte man sich auf den Staat als den entscheidenden Akteur in der Lösung sozialer Fragen, statt nach weiteren, auch zivilgesellschaftlichen Wegen zu schauen. Zweitens stellte man – auch mit Blick auf Westdeutschland – dringende Reformen im bestehenden Sozialsystem zugunsten der Überführung von etablierten Strukturen von West nach Ost zurück, was Gesamtdeutschland im Laufe der 1990er Jahre mehr und mehr auf die Füße fiel.

Heute können wir in ökonomischer Hinsicht etwas entspannter auf die neuen Bundesländer schauen. Lesen wir, was Kollegen vom Deutschen Institut für Wirtschaftsforschung (DIW), dem größten deutschen Wirtschaftsforschungsinstitut mit Sitz in Berlin, im Jahr 2020, also 30 Jahre nach der Wiedervereinigung geschrieben haben: „Die Zufriedenheit mit der eigenen wirtschaftlichen Lage unterscheidet sich kaum noch zwischen den beiden ehemals getrennten Landesteilen. Die Versorgung mit Konsumgütern pro Kopf erreicht im Osten etwa 90 Prozent des Westniveaus. Die Defizite in der Infrastrukturausstattung unterscheiden sich mittlerweile mehr zwischen Nord und Süd als zwischen Ost und West. Auch bei der Arbeitslosigkeit und vielen anderen sozioökonomischen Indikatoren sind die Differenzen häufig zwischen unterschiedlichen Regionstypen (städtischer, verstädterter oder ländlicher Raum) bedeutender als zwischen Ost und West."[3] Das Glas ist eben halbvoll oder halbleer. Ja, die Produktivität hat das Westniveau nicht erreicht. Aber wenn man vom alten Westen Bayern und Baden-Württemberg abzieht, ist der Osten entlang vieler Indikatoren auf Augenhöhe.

Es verbleiben vor allem zwei Schwierigkeiten. Man hat, erstens, offensichtlich unterschätzt, dass hier nicht nur zwei Gebiete wiedervereinigt werden, sondern auch Menschen, die über mehr als vierzig Jahre eine je eigene Geschichte erlebt und unterschiedliche kulturelle und soziale Gewohnheiten ausgebildet haben. Bemühen wir nochmals das Bild vom Fußballspiel. Stellen Sie sich vor, dass von heute auf morgen in den verschiedenen Bundesligen nicht mehr Fußball gespielt wird, sondern American Football. Wahrscheinlich wird es den Spielerinnen und Spielern schnell gelingen, die Regeln zu verstehen. Aber ein Gespür für das Spiel und seine Strategie zu haben, ist etwas anderes – man braucht eine American-Football-Mentalität. Vermutlich wird es nicht wenigen Ostdeutschen so gegangen sein. Selbst wenn sie das neue Spiel (Soziale Marktwirtschaft) attraktiver fanden als das alte (sozialistische Planwirtschaft), fehlte ihnen die Sozialisation für die neue Wirtschaftsordnung. Der oft für Ostdeutschland vermutete geringere Unternehmensgeist, aber auch das fehlende Verständnis für bestimmte notwendige wirtschaftspolitische Entscheidungen sind hier zu verorten. Hier scheint uns – mit negativen Vorzeichen – das zuzutreffen, was Walter Eucken einst anmahnte: „Die Meinungen der Menschen, ihre geistige Haltung, sind für die Richtung der Wirtschaftspolitik vielfach wichtiger als die wirtschaftlichen Tatsachen selbst."[4] Eine bestimmte Wirtschaftspolitik braucht auch eine entsprechende Mentalität. Um es auf eine einfache Formel zu bringen: Vielleicht hätte man in Ostdeutschland nicht nur in Privatisierungen und in die Infrastruktur, sondern auch in die „Meinungen der Menschen“ investieren sollen, zum Beispiel durch eine grundständige ökonomische Bildung in den Schulen (die freilich auch im Westen besser sein könnte). Wirtschaftspolitische Transformationsprozesse müssen Vertrauen aufbauen, anfängliche Regeländerungen alleine reichen nicht – insbesondere wenn Generationen nachkommen, die diese Regeländerungen nicht selbst erlebt haben.

Die zweite Schwierigkeit: Mit viel politischer Energie wurde es angegangen, in der ehemaligen DDR marktwirtschaftliche Strukturen zu etablieren. Mit ebenso viel Elan wurden sozialpolitische Maßnahmen beschlossen, die die Auswirkungen der marktwirtschaftlichen Reformen korrigieren sollten. Das wird nicht nur in Ostdeutschland ein gewisses Maß an kognitiver Dissonanz erzeugt haben. Nach dem Motto: „Hier, greift zu, wir haben ein großartiges neues System im Angebot! Aber, leider, wir müssen immer wieder die Ergebnisse des neuen Systems berichtigen, damit das Ganze menschlich bleibt.“ Marktwirtschaft hier, Sozialpolitik dort – das ist nicht der Spirit der Sozialen Marktwirtschaft. Beides muss zusammengedacht und zusammengebracht werden. Dafür hätte man auch das Konzept der Sozialen Marktwirtschaft weiterdenken sollen, statt zu glauben, dass man nur die beste aller Welten von West nach Ost exportieren muss. Ganz im Sinne der sozialen Irenik ist die Soziale Marktwirtschaft ein andauernder Aushandlungsprozess. Hören wir nochmals Müller-Armack: „Die Soziale Marktwirtschaft ist kein fertiges System, kein Rezept, das für alle Zeiten im gleichen Sinn angewendet werden kann. Sie ist eine evolutive Ordnung, in der es immer wieder nötig ist, Akzente neu zu setzen gemäß den Anforderungen einer sich wandelnden Zeit.“[5] Und dass sich mit der Wiedervereinigung die Zeiten gewandelt hatten, wird wohl niemand bestreiten wollen.

Vielleicht fällt Ihnen bei Gelegenheit einmal die später erschienene Taschenbuchausgabe von *Kaltstart* in die Hände. Auf dem

Cover sind Hans-Werner und Gerlinde Sinn auf einer verschneiten Straße zu sehen. Letztere am Steuer eines Trabis, Ersterer vor der offenen Motorhaube eines Mercedes. Schneeflocken tanzen um sie herum, Hans-Werner will gerade das Überbrückungskabel anschließen, um den Trabi wieder flottzumachen. Ein echter Kaltstart. Aber wichtiger als diese technischen Details ist auf diesem Bild etwas anderes: Beide schauen fröhlich trotz der ungemütlichen Lage und wollen zusammen eine Lösung finden. Vielleicht hätte es uns und der Sozialen Marktwirtschaft im Prozess der Wiedervereinigung auch gutgetan, wenn wir uns häufiger auf Augenhöhe begegnet wären.

Kapitel 6
14. März 2003 – Der Umbau

In seiner Regierungserklärung am 14. März 2003 legt der damalige Bundeskanzler der rot-grünen Koalition, Gerhard Schröder, eine umfangreiche Reformagenda vor und kündigt den Umbau der Sozialen Marktwirtschaft an. O-Ton Schröder: „Um unserer deutschen Verantwortung in und für Europa gerecht zu werden, müssen wir zum Wandel im Innern bereit sein. Entweder wir modernisieren, und zwar als Soziale Marktwirtschaft, oder wir werden modernisiert, und zwar von den ungebremsten Kräften des Marktes, die das Soziale beiseite drängen würden." Auch die Reaktionen aus dem Plenarsaal direkt nach diesen Worten des Bundeskanzlers wurden festgehalten: „Beifall bei der SPD und dem Bündnis 90/Die Grünen – Michael Glos (CDU/CSU): Das ist ein richtiger Schmarren!" Und Schröder schließt an: „Daraus ergibt sich nur eine Konsequenz: Der Umbau des Sozialstaates und seine Erneuerung sind unabweisbar geworden. Dabei geht es nicht darum, ihm den Todesstoß zu geben, sondern ausschließlich darum, die Substanz des Sozialstaates zu erhalten. Deshalb brauchen wir durchgreifende Veränderungen."[1] Die Agenda 2010 und mit ihr zahlreiche Veränderungen des Sozialstaates wurden an diesem Tag verkündet und in den kommenden zwei Jahren auf den Weg gebracht. Rückblickend gab Angela Merkel im November 2005, gerade selbst Bundeskanzlerin geworden, im Bundestag zu Protokoll: „Jenseits aller parteipolitischen Differenzen [...] möchte ich deshalb an dieser Stelle ausdrücklich eines tun: Ich möchte Bundeskanzler Schröder ganz persönlich dafür danken, dass er mit seiner Agenda 2010 mutig und entschlossen eine Tür aufgestoßen hat, eine Tür zu Reformen, und dass er die Agenda gegen Widerstände durchgesetzt hat."[2]

Und in der Tat: 2003, zum Zeitpunkt der Regierungserklärung von Schröder, war die Lage in Deutschland düster. Das wirtschaftliche Wachstum im Land stagnierte, es gab mehr als vier Millionen Arbeitslose, eine stetig steigende Staatsverschuldung; hohe Steuern, Abgaben und Lohnnebenkosten sowie eine Ausbreitung der Schwarzarbeit. Massenarbeitslosigkeit brachte die sozialen Sicherungssysteme an die Grenzen ihrer Finanzierbarkeit. Die voranschreitende Globalisierung setzte den Wirtschaftsstandort Deutschland unter Druck, nicht wenige reagierten mit Kapitelflucht.[3] Unser Gewährsmann des letzten Kapitels, Hans-Werner Sinn, sprach in dieser Zeit von Deutschland als dem „kranken Mann Europas" – handlungsunfähig und therapiebedürftig.[4]

Um den damaligen Status quo zu verstehen, sollten wir auch in diesem Kapitel einmal zurückspulen. Denn eigentlich ist der deutsche Sozialstaat eine Erfolgsgeschichte: Nach den teils gravierenden sozialpolitischen Rückbaumaßnahmen während der Weltwirtschaftskrise Ende der 1920er/Anfang der 1930er Jahre, der NS-Diktatur und der Eingriffe der Besatzungsmächte bewirkte die Regierung Adenauer zunächst eine Wiederherstellung und Reorganisation der Sozialpolitik und des Systems der sozialen Sicherung nach dem Muster der Weimarer Republik. Der langanhaltende Wirtschaftsaufschwung nach dem Krieg und umgesetzt durch das Zusammenspiel der jeweils größten Regierungs- und Oppositionspartei – die heimliche große sozialpolitische Koalition von CDU und SPD – ermöglichten bis in die Mitte der 1970er Jahre hinein einen deutlichen Ausbau sozialstaatlicher Sicherung.

Von besonderer Bedeutung waren in der konkreten Sozialpolitik zunächst die Bewältigung von Kriegsfolgen durch einen Lastenausgleich, Kriegsopferversorgung und sozialer Wohnungsbau sowie anschließend der Ausbau der Alterssicherung. Mit der Adenauer'-

schen Rentenreform von 1957, die in weiten Teilen den Vorstellungen Erhards widersprach, verabschiedete sich der Gesetzgeber endgültig vom mehrfach durch Wirtschaftskrisen, Inflation und Krieg unter Druck geratenen Kapitaldeckungsverfahren (Ansparen von Beiträgen, die im Alter abgerufen werden) zugunsten des Umlageverfahrens (die heute Erwerbstätigen zahlen für diejenigen, die im Ruhestand sind). Lebensstandardsicherung galt als sozialpolitisches Ziel, eine dynamische Rentenformel, mit der die Anpassung der Rentenzahlungen an die Lohnentwicklung gekoppelt wurde, war das Mittel. Die in den 1950er Jahren verbreitete Altersarmut wurde wirksam zurückgedrängt. Schritt für Schritt wurden zudem bislang nicht erfasste Bevölkerungsgruppen wie die Landwirte in das soziale Sicherungsnetz einbezogen. Weitere Meilensteine waren das Kindergeldgesetz von 1954, weitreichende Fürsorgerechtsreformen (Bundessozialhilfegesetz und Jugendwohlfahrtsgesetz 1961), das Arbeitsförderungsgesetz von 1969, das neben Lohnersatzleistungen auch Maßnahmen aktiver Arbeitsförderung vorsah, und das 1971 verabschiedete Bundesausbildungsförderungsgesetz (kurz: BAföG).

Wir könnten diesen bunten Reigen sozialpolitischer Maßnahmen weiter fortsetzen, bei dem es so manchem Marktwirtschaftler schwindelig werden würde. Aber Fakt ist: Der Aufbau des Sozialstaats hat wesentlich zum sozialen Frieden in der Bundesrepublik beigetragen. Doch Fakt ist auch: Der Ausbau der sozialen Sicherungssysteme hat ihre Finanzierbarkeit spätestens ab den 1980er Jahren an die Grenzen der Belastbarkeit gebracht, als die Arbeitslosigkeit stetig zunahm. Die Folge waren zahlreiche Reformpakete. (Wenn Sie einmal Langeweile verspüren und dem nachgehen wollen, schauen Sie sich beispielsweise die endlose Abfolge von Reforminitiativen in der Gesetzlichen Krankenversicherung an.) Doch das Problem bestand fort: Das System blieb fragil – und vor allem die Wiedervereinigung, der demografische Wandel und der Globalisierungsdruck setzten der sozialen Sicherung mehr und mehr zu, gepaart mit einer stetig steigenden Sockelarbeitslosigkeit. Eine grundlegende Reform musste her, und hier wurde die Agenda 2010 zu einem Befreiungsschlag.

Was machte diesen von der Regierung Schröder angestoßenen Umbau aus? Nun, die einzelnen Maßnahmen sind zu zahlreich und zu vielschichtig, als dass wir sie im Detail vorstellen können – und sie würden bei unseren geneigten Leserinnen und Lesern wohl zu spontanen Ermüdungserscheinungen führen. Der zentrale Punkt ist aber der folgende: Die Reformagenda bewirkte vor allem einen Modernisierungsschub – für die Verwaltung, für die Ausgestaltung sozialer Dienstleistungen und für das Verhältnis von Sozialbürokratie und Leistungsempfängern. Offensichtlich – und in ihrer Wirkung heftig umstritten – ist dies bei den Arbeitsmarktreformen. Aufgrund der Reform erhielten nun alle erwerbsfähigen Hilfebedürftigen, sofern sie nicht Leistungen aus der beitragsfinanzierten Arbeitslosenversicherung bezogen (Arbeitslosengeld I), eine einheitliche, steuerfinanzierte Grundsicherung, die sich am soziokulturellen Existenzminimum orientierte. Die frühere Arbeitslosenhilfe und die Sozialhilfe wurden in diesem Bereich zusammengelegt (Arbeitslosengeld II). Strukturell war diese Reform absolut sinnvoll, weil jetzt alle potenziell Erwerbsfähigen in einem Hilfesystem zusammengefasst und nur noch durch eine Stelle betreut wurden (Jobcenter). Das unproduktive Nebeneinander von Arbeitsämtern und kommunalen Sozialämtern wurde durch die Einführung von „Hartz IV" – benannt nach dem Leiter der vorbereitenden Arbeitsgruppe, Peter Hartz, und zugleich damaliger VW-Personalvorstand – beendet. Dass Peter Hartz und vor allem Gerhard Schröder rückblickend, sagen wir es so, eher zu den schwierigen Zeitgenossen zählen, wollen wir hier nicht weiter kommentieren. Stattdessen zurück zu den Maßnahmen: Flankiert wurde das neue System durch eine stärkere Orientierung auf Vermittlung (aktive Arbeitsmarktpolitik), und es wurde versucht, Anreize zu schaffen, auch in Teilzeit sowie im Niedriglohnsektor zu arbeiten, verbunden mit einer Deregulierung der Leiharbeit.

Ohne Frage haben die Hartz-Reformen auch sozialpolitische Verlierer hervorgebracht, gerade bisherige Arbeitslosenhilfeempfänger hatten teilweise empfindliche finanzielle Einbußen und verkürzte Bezugszeiten bei den Transferzahlungen. Auch die anfangs recht starke Pauschalisierung der Leistungen brachte bei Personen mit besonderen Bedarfen (zum Beispiel bei Menschen mit chronischen Erkrankungen oder wohnungslosen Menschen) Probleme mit sich. Und sicher: Die Abläufe und die Kommunikation im Jobcenter waren und sind keineswegs immer wertschätzend. Aber die weitverbreitete Vorstellung, die Arbeitsmarktreformen hätten zu einer umfassenden Prekarisierung oder einer weiteren massiven Lohnspreizung geführt, entspricht definitiv nicht den Fakten. Darüber hinaus sollte man bei einer Bewertung von Hartz IV nicht nur die unmittelbaren Verteilungswirkungen in den Blick nehmen, sondern vor allem die Dynamik, die die Reformen am Arbeitsmarkt mit auslösten.[5]

Und die Arbeitsmarktentwicklung nach 2005 war fulminant: Die Arbeitslosenquote in Deutschland nahm dramatisch ab – nach fast fünf Millionen Arbeitslosen im Jahr 2005 unterschritt sie 2011 bereits die Drei-Millionen-Grenze. Die Anzahl der sozialversicherungspflichtig Beschäftigten stieg in den westlichen Bundesländern (ohne Berlin) zwischen 2005 und 2012 von rund 21,2 Millionen auf ca. 23,5 Millionen. Der Anstieg in den ostdeutschen Bundesländern und Berlin fällt in absoluten Zahlen geringer aus (von ca. fünf auf fünfeinhalb Millionen), der relative Anstieg ist mit rund zehn Prozent allerdings sehr ähnlich zu den westdeutschen Bundesländern. Das Arbeitsvolumen, gemessen an gearbeiteten Stunden, stieg ebenfalls an. Die Erwerbsquote der 60- bis 64-Jährigen erhöhte sich in den Jahren 2000 bis 2011 von 21 Prozent auf 47 Prozent. Bei den 55- bis 59-Jährigen war ein Anstieg im selben Zeitraum von 66 Prozent auf 79 Prozent zu beobachten. Auch das Matching auf dem Arbeitsmarkt funktionierte nach den Hartz-Reformen deutlich besser als in den Jahren zuvor. Nicht alle diese

Erfolge sind allein auf die skizzierten wirtschafts- und sozialpolitischen Reformpakete zurückzuführen – die deutliche Lohnzurückhaltung der Tarifparteien in jenen Jahren, die günstige konjunkturelle Entwicklung und eine boomende Exportwirtschaft haben diesen Prozess ganz wesentlich mit unterstützt.[6] Dennoch waren die unter der Regierung Schröder eingeleiteten Veränderungen ein wichtiger Push für eine Modernisierung der Sozialen Marktwirtschaft.

Warum ist der Ruf der Hartz-Reformen aber bis heute in der Bevölkerung eher schlecht? Zum Teil lässt sich das auf Missverständnisse zurückführen, die nicht zuletzt mit der medialen Berichterstattung zusammenhängen und sich um die eben schon erwähnten Punkte von Prekarisierung und Einkommensungleichheit ranken. Zugleich wurde parallel zur Einführungsphase des Arbeitslosengelds II eine Debatte über den Missbrauch von Sozialleistungen geführt. Georg Cremer, der frühere Generalsekretär des Deutschen Caritasverbandes, sprach in diesem Zusammenhang von einem „kommunikativen Desaster"[7]. Und es kommt noch ein weiterer Grund hinzu: Die vier Gesetze zu modernen Dienstleistungen am Arbeitsmarkt, die 2003 und 2004 in Kraft getreten sind, haben die Wahrnehmung auf den Sozialstaat verändert. Einerseits signalisierten sie eine Aufbruchstimmung hin zu einem modernen, auch in Zeiten der Globalisierung stabilen Wohlfahrtsregime, andererseits erzeugten sie Ängste vor einem dramatischen sozialen Abstieg bei Arbeitslosigkeit bis weit hinein in die Mittelschicht – auch wenn diese Gruppe de facto fast nie einen „Absturz" in das System der Grundsicherung erlebt. In der öffentlichen Wahrnehmung wurden die Konsequenzen einer fehlenden Leistungsfähigkeit am Arbeitsmarkt und das „Fordern" der Reformen viel stärker gesehen als das „Fördern". Die Einführung des Mindestlohns 2015 – so umstritten er in seiner ökonomischen Wirkung bis heute ist – hat in der öffentlichen, vielfach medial geführten sozialpolitischen Diskussion für einige Beruhigung gesorgt. Die Einführung des Bürgergelds zum 1. Januar 2023 war von folgender Hoffnung getragen: Neben der deutlichen Erhöhung der Regelsätze, die freilich bei den Preissteigerungen ab 2021 auch dringend notwendig war, und großzügigeren Regelungen zum Schonvermögen sollen Arbeitssuchende stärker unterstützt werden, sich weiterzubilden und weiterzuqualifizieren. Zudem haben die Jobcenter nun höhere Flexibilität, eine Ausbildung zu fördern, statt in die erstbeste Beschäftigung zu vermitteln, die keine Qualifikation erfordert, aber oft schlecht bezahlt nur kurzfristig ausgeübt wird. Und die Androhung von Sanktionen wird auf jene begrenzt, die dauerhaft eine Mitarbeit verweigern. Wie die aktuelle Debatte zeigt, konnte auch das Bürgergeld die anhaltende Diskussion um eine ausreichende und zugleich effiziente Grundsicherung keineswegs abschließen.

Aber gehen wir – bildlich – noch einmal einen Schritt zurück, und schauen von einer etwas generelleren Warte auf diese zahlreichen Details – droht doch die Gefahr, vor lauter einzelner sozialrechtlicher Bäume die aufscheinende Anmut des sozialpolitischen Waldes nicht mehr zu sehen. Worum geht es also? Fernab von Regelsätzen und materieller Unterstützung ist Arbeit wesentlich für ein gelingendes Leben in einer Sozialen Marktwirtschaft. Das ist übrigens auch ein wichtiger Punkt in der Debatte um die Hartz-Reformen: Zeitarbeit und geringfügige Beschäftigung sind nicht per se entwürdigend, sondern sie können auch ein wichtiger Schritt (zurück) in den Arbeitsmarkt sein. Um jedoch tatsächlich Arbeit aufnehmen zu können, braucht es nicht nur die Arbeitsgelegenheit, sondern häufig zunächst die ganz grundlegende Befähigung, sich in Arbeits-, aber auch in Gesellschaftsprozesse einbringen zu können. Genau dies lehren uns Fallstudien zur Langzeitarbeitslosigkeit.[8] Der Auftrag an den Sozialstaat muss folglich lauten: Befähigung, und zwar individuelle, passgenaue Befähigung, wo es irgend möglich ist, Fürsorge und materielle Unterstützung, wo es akut nötig ist. Die entscheidende Frage für einen modernen Sozialstaat ist eben nicht: Wie können wir den am unteren Rand der Gesellschaft Lebenden finanziell zu Hilfe kommen? – sondern: Welche Wege gibt es aus der Armut und damit aus der staatlichen Abhängigkeit, ohne dass sich der Wiedereinstieg in ein Beschäftigungsverhältnis als wenig attraktiv anfühlt und es möglicherweise auch ist? Was, nebenbei, auch gegen ein bedingungsloses Grundeinkommen spricht, das im Wesentlichen den Fokus auf eine materielle Absicherung legt und nicht auf die konkreten Sorgen und Nöte von Menschen.

Es gehört mittlerweile zum Allgemeingut, dass Bildungschancen, individuelle Befähigung und eine ausgewogene, umfassende Familienpolitik die Schlüssel zu Integration, Inklusion und eben auch Erfolg am Arbeitsmarkt sind. Teilhabe zum Schlüsselbegriff auch der Arbeitsmarktpolitik zu machen, ist keine wirtschaftsferne Sozialromantik. Soziale Kohäsion und soziale Integration sind in der Sozialen Marktwirtschaft kein kollektiver Luxus, sondern eng mit der wirtschaftlichen Performance einer Gesellschaft und ihrer Wertschätzung von Arbeit, persönlicher Leistungsfähigkeit und Befähigung verbunden.

Kapitel 7
31. August 2015 – Wir schaffen das!

„Wir schaffen das!“ Kaum ein anderer Satz wurde in den vergangenen Jahren so kontrovers diskutiert wie diese Aussage von Bundeskanzlerin Angela Merkel, ausgesprochen während einer Pressekonferenz am 31. August 2015. Worum geht es? Der Ausbruch des Bürgerkriegs 2011 und die dadurch ausgelöste humanitäre Katastrophe in Syrien, der Aufstieg und die damit einhergehende Schreckensherrschaft der Terrormiliz „Islamischer Staat“ im Nahen Osten, die sich verschlechternde Sicherheitslage in Afghanistan und bewaffnete Konflikte in Subsahara-Afrika bewegten viele Menschen in diesen Regionen dazu, ihre Heimat zu verlassen und sich auf den Weg nach Europa zu machen. 2015 erreichte die Zuwanderung eine neue Dimension. Während zwischen 2010 und 2014 die Anzahl von Asylanträgen in der Europäischen Union von „nur“ ca. 250 000 auf rund 600 000 pro Jahr angestiegen war, waren es 2015 mehr als doppelt so viele: 1,3 Millionen, davon über 476 000 in Deutschland – ein Jahr später waren es sogar fast 750 000 Anträge.

Was war der Anlass dafür? Fünf Tage nach Merkels „Wir schaffen das!“-Statement verkündete die damalige Bundesregierung, dass man sich dazu entschieden habe, die Weiterreise von in Ungarn „festsitzenden“ Geflüchteten zu ermöglichen und ohne Grenzkontrollen in Deutschland einreisen zu lassen. Syrischen Bürgerkriegsflüchtlingen wurde ein Bleiberecht zugebilligt. Es war eine Entscheidung, die angesichts der dramatischen humanitären Lage – so hatte man beispielsweise Ende August 2015 im österreichischen Burgenland einen LKW mit 71 erstickten Flüchtlingen entdeckt – unausweichlich erschien. Die Situation auf den Flüchtlingsrouten nach Europa wurde immer chaotischer und unmenschlicher. In diesen Tagen im September spitzte sich insbesondere die Lage in Ungarn zu, das wirtschaftlich und organisatorisch überfordert war, den Flüchtlingsstrom zu handhaben – zugleich aber auch nicht willens, das zu tun, was möglich gewesen wäre. Ministerpräsident Viktor Orbán strebte an, die sogenannte westliche Balkanroute zu schließen, Grenzzäune wurden gebaut. Mit ihrer Entscheidung setzte die Bundesregierung einen Kontrapunkt dazu – und übernahm damit zugleich Verantwortung, die über den ursprünglichen Gedanken des sogenannten Dubliner Übereinkommens hinausgeht, nach dem diejenigen Staaten für die Abwicklung von Asylanträgen verantwortlich sind, in denen Flüchtlinge erstmalig EU-Boden betreten. Anfänglich gehörte Deutschland zu den stärksten Verfechtern dieses für die an den EU-Grenzen befindlichen Ländern belastenden, für die Bundesrepublik aber vorteilhaften Procederes.

Der „lange Sommer der Migration" dauerte bis Anfang 2016 – ausgezeichnet auch durch eine anfangs beeindruckende Willkommens- und Anerkennungskultur in Deutschland („Refugees welcome!"). Danach stellte der andauernde hohe Migrationsstrom die Regierung Merkel, aber auch viele weitere europäische Staaten unter Zugzwang, die aufwallenden innenpolitischen Spannungen „irgendwie" aufzufangen. Kristallisationsort für die Lösung wurde die Türkei, festgeschrieben in einer Erklärung vom 18. März 2016: Unter anderem wurde beschlossen, dass auf den griechischen Inseln festgesetzte „irreguläre Migranten", die entweder kein Asyl beantragten oder deren Gesuche als unbegründet oder unzulässig abgelehnt würden, auf Kosten der EU zurück in die Türkei gebracht werden sollten. Im Gegenzug erhielt die Türkei zugleich Finanzmittel in Milliardenhöhe, die für die Unterbringung und Fürsorge von geflüchteten Menschen bestimmt waren. Diese Politik wirkte: Bereits ab 2017 verzeichnete die EU eine deutlich geringere Zahl von Asylanträgen.

„Gut“, mögen Sie fragen, „aber was hat all das mit Sozialer Marktwirtschaft zu tun?“ Viel, so denken wir, und wollen dazu erneut einen Ausflug in unsere Geschichte machen. Nach dem Zweiten Weltkrieg setzte eine der größten Wanderungsbewegungen überhaupt ein. Etwa 14 Millionen Menschen suchten nach Kriegsende aufgrund von Flucht und Vertreibung eine neue Heimat. Nehmen wir beispielhaft das damals strukturschwache Bayern: Bis 1950 wurden dort fast zwei Millionen Vertriebene aufgenommen, die Einwohnerzahl im Freistaat stieg um beinahe 25 Prozent. Vielleicht werden Sie jetzt einwenden: „Die Integration war damals doch viel einfacher – dieselbe Sprache, derselbe Kulturkreis.“ Das stimmt natürlich, aber wir dürfen hierbei die Not und das Elend in jener Zeit im aufnehmenden Land sowie den massiven und heterogenen Zustrom nicht außer Acht lassen. Es war keine Freude, etwa als Katholik in ein evangelisches Gebiet in Franken zu kommen. Anfeindungen und Ausgrenzung kamen zu Hunger, Armut und Verlust hinzu.

Aber die Situation änderte sich: Zum einen merkte man schnell, dass der Wiederaufbau mithilfe der neuen Mitbürger rascher voranging, zum anderen entdeckte auch die Politik eine neue Wählerklientel. Ein Plakat zu den Bundestagswahlen 1949 der CDU und der CSU wirbt mit der Aussage „Vertriebene! Eure Not ist unsere Sorge“ – um dann, in fast Merkel'scher Diktion, anzuschließen: „Gemeinsam schaffen wir's“. Eine wichtige Rolle spielte in diesem Zusammenhang das sogenannte Lastenausgleichgesetz von 1952, das denjenigen, die infolge des Zweiten Weltkriegs besondere Vermögensschäden oder andere Nachteile erlitten hatten, einen Ausgleich zusprach. Hierzu wurde unter anderem eine Abgabe bei denjenigen angesetzt, denen auch nach dem Krieg ein Großteil ihres Vermögens geblieben war.

Was lernen wir aus dieser Episode? Erstens, Zuwanderung ist handhabbar, es bedarf aber intensiver politischer, wirtschaftlicher und zivilgesellschaftlicher Anstrengungen. Zweitens, Einwanderung kann – wie beim Wiederaufbau – zu einem vorteilhaften Projekt für beide Seiten werden. Gelingt uns das heute? Nur bedingt. Schauen wir uns das ein wenig näher an.

Die europäische Migrations- und Asylpolitik kommt derzeit nur langsam voran. Nach der Krisenzeit 2015/16 wäre der ideale Zeitpunkt gewesen, über substanzielle Veränderungen nachzudenken. Doch nationale Einzelinteressen und unterschiedliche innenpolitische Kalküle machten grundlegende Reformen schwierig. Immerhin hat die Europäische Kommission mittlerweile – im September 2020 – ein neues EU-Migrations- und Asylpaket vorgelegt, das die bestehenden Blockaden auflösen soll. Ein wesentlicher Kernpunkt ist ein umfassendes Asyl- und Migrationsmanagement, das die Lastenteilung zwischen den EU-Staaten gerechter und vor allem flexibler gestalten soll. Zudem sollen bereits an den Außengrenzen der EU Asylgesuche geprüft werden und eine Europäisierung von Rückführungen (anstelle von einzelstaatlichen Lösungen) institutionell verankert werden. Aufgrund der hohen Flüchtlingszahlen kam wieder etwas Bewegung in die Verhandlungen über einen neuen Pakt. Im Dezember 2023 einigten sich der Rat und das Parlament auf das Gemeinsame Europäische Asylsystem (GEAS), dessen Gesetzgebungsakte 2024 final beschlossen wurden. Die neue Bundesregierung strebt eine zügige Umsetzung in das deutsche Recht an.

Aber vielleicht ist nicht nur ein effektives und koordiniertes Vorgehen in der Asyl- und Migrationspolitik vonnöten, sondern eine generelle Änderung des Blickwinkels. Im Interesse eines für alle Seiten fruchtbaren Zusammenlebens – hier erinnern wir wieder an die soziale Irenik von Müller-Armack – muss die Kommunikation bei diesem so sensiblen Thema klarer und offener werden, wie der baden-württembergische Ministerpräsident Winfried Kretschmann schon im Sommer 2018 forderte.[1] Gerade aus Sicht einer langfristig erfolgreichen Sozialen Marktwirtschaft gilt: Deutschland braucht mehr qualifizierte Zuwanderung! Diese Einsicht ist arbeitsmarktpolitisch eine Binsenweisheit. Wie Berechnungen des Instituts für Arbeitsmarkt- und Berufsforschung (IAB) zeigen, ist eine dauerhaft hohe Nettozuwanderung – neben einem Zuwachs älterer Arbeitnehmerinnen und Arbeitnehmern und einer generellen Stärkung der Frauenerwerbsarbeit – nötig, um die Wirkungen des demografischen Wandels, der Alterung unserer Gesellschaft, zu kompensieren und das Erwerbspersonenpotenzial (verstanden als das theoretisch maximal zur Verfügung stehende Arbeitskräfteangebot) in den kommenden Jahrzehnten einigermaßen stabil zu halten.[2] Das ist auch eine zentrale Größe für die Beständigkeit unserer primär umlagefinanzierten Sozialsysteme. Und natürlich die zentrale Voraussetzung dafür, dass Unternehmen genügend geeignete Beschäftigte finden – aktuelles Stichwort: Fachkräftemangel. 2023 hat die letzte Bundesregierung das Gesetz zur Weiterentwicklung der Fachkräfteeinwanderung auf den Weg gebracht, das eine Reihe von Erleichterungen für qualifizierte Einwanderung ermöglicht, unter anderem die Chancenkarte für die Einreise von Fachkräften zur Arbeitsplatzsuche.

Wie hoch müsste die Zuwanderung sein, um unseren Arbeitsmarkt und unsere Sozialsysteme zu stabilisieren? Das vom IAB genannte notwendige Wanderungssaldo lautet: 400 000 Personen pro Jahr, also Zuwanderer minus Auswanderer (Nettozuwanderung), ist nicht unrealistisch. Und wir können in gewisser Weise optimistisch sein. In den letzten Jahren gab es – auch unabhängig von den Sondereffekten von 2015/16 und der aktuellen Situation in der Ukraine – eine entsprechend hohe Zuwanderung nach Deutschland. Mittelfristig spielt der (Nicht-)Zuzug aus der EU eine kritische Rolle. Nochmals die Forscherinnen und Forscher vom IAB: „Die Zuwanderung aus EU-Ländern [...] war seit 2010 insbesondere aufgrund der Arbeitnehmerfreizügigkeit, aber auch infolge der Wirtschafts- und Finanzkrise viel höher als zuvor. Dennoch: Schon vor der Covid-19-Pandemie hat die Nettozuwanderung aus der EU deutlich nachgelassen. Während die Zuzüge aus EU-Ländern seit 2015 sinken, nehmen die Fortzüge deutlich zu. In den letzten zehn Jahren sind durchschnittlich jedes Jahr etwa 15 Prozent der in Deutschland wohnenden EU-Bürgerinnen und Bürger fortgezogen. Ihre Fortzugsrate ist damit viel höher als die aus Nicht-EU-Ländern mit lediglich 5,5 Prozent.“ Auch die Tatsache, dass viele jüngere deutsche Staatsbürger ihre berufliche Zukunft im Ausland suchen, sollte uns zum Umdenken bewegen.[3] Berücksichtigt man den demografischen Wandel auch in zahlreichen anderen EU-Ländern, wie beispielsweise in den für Deutschland wichtigen Herkunftsländern Polen und Rumänien, aber auch Italien und Spanien, kann man erwarten, dass sich der Zuzug aus der EU bis 2040 halbieren wird.[4] Es ist offensichtlich: Deutschland braucht mehr Zuwanderung in den Arbeitsmarkt, verstärkt aus Nicht-EU-Ländern – und der Verbleib im Land muss wieder attraktiver werden für die jüngere Generation.

Klassischer Einwand an dieser Stelle: Das Problem ist doch die Qualifikation der Zuwanderinnen und Zuwanderer. Und in der Tat ist es so, dass unabhängig von der Nationalität die Erwerbstätigenquote umso höher ausfällt, je höher der Bildungsabschluss ist. Zugleich variiert der Bildungsabschluss stark mit der Herkunft der Zuwanderer (Zahlen für 2021): Mehr als 70 Prozent der in Deutschland lebenden Polinnen und Polen hatten mindestens einen Berufsabschluss oder Abitur. Bei Rumäninnen und Rumänen und bei Bulgarinnen und Bulgaren waren es ungefähr die Hälfte. Bei Personen aus Syrien sank die Zahl schon auf knapp 40 Prozent, bei Afghaninnen und Afghanen ist diese Quote lediglich bei einem Fünftel der Zugezogenen. Ganz anders die Situation bei den Geflüchteten aus der Ukraine, die vor Kriegsbeginn in Deutschland lebten. Die meisten hatten mindestens einen Berufsabschluss oder Abitur (mehr als 80 Prozent), viele von ihnen einen Hochschulabschluss (rund die Hälfte).[5] Darüber hinaus ist die Anerkennung der Qualifikationen von Zuwanderern häufig ein großes Problem, sofern ihr Bildungsweg nicht den deutschen Pfaden gefolgt ist. Wenn zum Beispiel ein syrischer Lehrer bei der sozialen Betreuung und Integration von Flüchtlingen arbeitet, ihre Sprache spricht, die Kultur kennt, einen Superjob macht und die Kommune seine Arbeit schätzt, kann es trotzdem sein, dass die Nichtanerkennung von Abschlüssen zu einem ernsthaften Hindernis wird. Da er kein diplomierter Sozialarbeiter ist, bezahlt ihn die Kommune viel schlechter als seine Kolleginnen und Kollegen mit (anerkanntem) Abschluss, was nicht selten zu Frust und Abwanderung in die Privatwirtschaft führt.

Zurück zu den teils niedrigen Bildungsabschlüssen der Zuwanderinnen und Zuwanderer: Die Konsequenz kann gerade nicht sein, schlechter ausgebildete Menschen vom Zuzug abzuhalten, sondern clevere Wege zu finden, um Bildungschancen zu ermöglichen und Anreize dafür zu schaffen, diese zu nutzen. Hier sind vor allem die Schulen ein Schlüsselfaktor zur Berufsvorbereitung und zur Integration in die Gesellschaft. Dabei wird man sich keine Romantik erlauben dürfen: So wünschenswert eine inkludierte Schulklassengemeinschaft von Deutschen und Zuwanderern wäre – bei fehlenden Sprachkenntnissen und massiven Wissenslücken wird man auch großzügig in spezielle Integrationsklassen und in den Ausbau sozialpädagogischer Begleitung von Flüchtlingen und Migrantinnen investieren müssen, um dauerhaft Perspektiven zu eröffnen.

Wichtig ist dabei die konkrete Situation vor Ort. Viele Kommunen fühlen sich alleingelassen. Auch hier hilft ein beispielhafter Blick auf die Zahlen, um die Dimension zu verstehen: 2022 wurden, auch wegen des russischen Angriffskriegs gegen die Ukraine, in Baden-Württemberg 178 000 Flüchtlinge aufgenommen, 70 Prozent mehr als 2015 und mehr, als Frankreich insgesamt im gleichen Zeitraum aufgenommen hat.[6] Hier könnte ein verbessertes Asylrecht helfen – insbesondere wenn nur Personen, die tatsächlich eine Bleibeperspektive haben, auch in den Kommunen ankommen. Aber es geht nicht nur um vereinfachte Bürokratien, verschlankte Verfahren und mehr finanzielle Mittel, es geht auch um die Wiederentdeckung der integrativen Kraft „sozialer Orte"[7]. Ein Siegener Kollege, der lange Jahre im Schuldienst gearbeitet hat, erzählte ein ganz einfaches, aber eben auch ein anschauliches Beispiel: Ein junger Mann aus Somalia, den er unterrichtete, fand eine sportliche Heimat beim Fußballclub SuS Niederschelden, einem Stadtteil im Südwesten von Siegen. Über das Fußballspielen erlernte er nicht nur die deutsche Sprache, sondern fand auch ein Praktikum und später einen Ausbildungsplatz. Die Offenheit im Umgang gerade auch mit Nicht-EU-Bürgern muss mehr und mehr zur Normalität werden – von beiden Seiten. Das ist eine Herausforderung, aber vor allem eine Chance, bei der die Zivilgesellschaft die zentrale Rolle spielt.

Zum Abschluss dieses Kapitels ein Denkanstoß. Kennen Sie den Altersdurchschnitt der Menschen in Subsahara-Afrika? Er liegt bei rund 18 Jahren, in Deutschland sind es schon heute fast 45 Jahre. Die Bevölkerung Afrikas wird sich bis zum Jahr 2050 voraussichtlich verdoppeln. Gepaart mit den Folgen des Klimawandels gerade für diesen Kontinent wird ein hoher Migrationsdruck die Folge sein. Wäre es nicht an der Zeit, vermehrt über strategische Partnerschaften und über deutsche und europäische Investitionen in die Bildung auch in den afrikanischen Ländern nachzudenken? Das könnte eine Win-win-Situation für Europa und Afrika, unseren Nachbarkontinent, sein. Zuwanderung von mehr und mehr gut ausgebildeten, jungen Menschen auf der einen Seite und zugleich eine Zusammenarbeit, die sich konkret in der wirtschaftlichen Entwicklung Afrikas zeigt, auf der anderen Seite. Wir brauchen auch hier einen Perspektiven- und Mentalitätswechsel. Es geht in unserem Verhältnis zu Subsahara-Afrika nicht nur um Hilfsprojekte, sondern es geht vor allem um Kooperationen auf Augenhöhe. Asfa-Wossen Asserate, Großneffe des letzten äthiopischen Kaisers Haile Selassie, der seit vielen Jahren in Deutschland lebt, brachte es vor einiger Zeit so auf den Punkt: „Wer Europa bewahren will, muss Afrika retten.“[8] Wenn Sie es lieber musikalisch mögen – Michael Jackson formulierte es in seinem Song *Black or White* so: „But, if you're thinkin' about my baby, It don't matter if you're black or white.“

Kapitel 7,5
24. Februar 2022 und 18. März 2025 – Zeitenwenden

Wenn Sie am Sonntagmorgen, dem 27. Februar 2022, so gegen 11 Uhr den Fernseher eingeschaltet hatten – vielleicht noch etwas verschlafen, vielleicht um sich bei den Mittagessensvorbereitungen ein wenig abzulenken –, konnten Sie folgende Worte des damaligen Bundeskanzlers Olaf Scholz hören: „Der 24. Februar 2022 markiert eine Zeitenwende in der Geschichte unseres Kontinents. Mit dem Überfall auf die Ukraine hat der russische Präsident Putin kaltblütig einen Angriffskrieg vom Zaun gebrochen – aus einem einzigen Grund: Die Freiheit der Ukrainerinnen und Ukrainer stellt sein eigenes Unterdrückungsregime infrage. Das ist menschenverachtend. Das ist völkerrechtswidrig. Das ist durch nichts und niemanden zu rechtfertigen."[1] Starke Worte, starke Ankündigungen – unter anderem 100 Milliarden Euro Sondervermögen für die Bundeswehr, beschlossen im engen Schulterschluss mit dem seinerzeitigen Bundesfinanzminister Christian Lindner, möglicherweise enger als mit seiner eigenen Partei, der SPD.

Ob es militärisch eine Zeitenwende wurde, muss man bezweifeln. Aber die neue geopolitische Situation, die sich freilich schon über viele Jahre angekündigt hat, stellt auch die Soziale Marktwirtschaft vor neue, nicht geahnte Herausforderungen. Die Moderne war schon immer ein fragiles Projekt, derzeit betreten wir aber möglicherweise ein Zeitalter der Superfragilität. In einer fragilen Ordnung versuchen die Bürger noch, mit der Dynamik mitzugehen – so mühsam das auch sein mag. Sobald aber die Schwelle zur Superfragilität überschritten ist, weil die Dynamik – etwa wegen der multiplen Krisen unserer Zeit – nicht mehr bewältigbar erscheint, droht eine große Anzahl von Bürgern aufzuhören, der Ordnung zu folgen und sich von ihr „abzumelden". Das kann fatale Konsequenzen nach sich ziehen, wie uns der Zusammenbruch liberaler Ordnungen im 20. Jahrhundert gelehrt hat.[2]

Dabei geht es auch um fiskalpolitische Anstrengungen. In seiner Regierungserklärung vom Mai 2025 betonte der jetzige Bundeskanzler Friedrich Merz: „Wir brauchen dafür in vielerlei Hinsicht ein Wechsel unserer Politik. Und ein solcher Wechsel setzt Umdenken und neue Prioritäten an vielen Stellen voraus. [...] Uns stehen Mittel zur Verfügung, die über neue Schulden finanziert werden können." In den Wochen zuvor wurde die Fiskalpolitik auf gänzlich neue Füße gestellt, indem – mit parlamentarischer Finesse – eine Sonderregelung für Verteidigungsausgaben und ein Sondervermögen für Infrastruktur ins Grundgesetz aufgenommen wurden. Beschlossen wurde diese fiskalpolitische Zeitenwende am 18. März 2025.

Der Positionswechsel der Union in Sachen Verschuldung im Vergleich zum vorausgegangenen Wahlkampf rief eine klassische Debatte über Prinzipien und Pragmatismus hervor, wie wir sie in diesem Buch an mehreren Stellen thematisiert haben. Entscheidend wird sein, dass die horrenden Milliardenbeträge investiv und nicht zur zur Befriedung verschiedenster Interessengruppen – etwa der älteren Wähler – in der Breite konsumtiv versickern. Es geht um Priorisierung, falls es zum Aufbruch führen soll. Lieber eine kluge und möglichst schnelle Sanierung der Bahn, die für alle Bundesbürger sichtbar ist, als viele kleine Projekte, die kaum die Wahrnehmungsschwelle überschreiten.

Gegenwärtig, vor allem aber perspektivisch gilt das auch für die ökologische Wende. Der Umbau unserer Wirtschaft und Gesellschaft hin zu Klimaneutralität ist langfristig eine der größten Aufgaben unserer Zeit. Die entscheidenden Weichen dafür müssen heute gestellt werden. Gelingen wird diese Aufgabe aber nur, wenn Dekarbonisierung und sozialer Ausgleich konkret miteinander gedacht werden – anstatt radikale Reformen zu fordern, die aber letztlich nur die Polarisierung der Gesellschaft vorantreiben. An anderer Stelle haben wir ein Konzept vorgelegt, wie das mit einer wohl austarierten CO_2-Steuer gelingen kann.[3] Aber auch hier gilt im Sinne der sozialen Irenik: Könnte man Klimaschutz nicht auch als ein Projekt verstehen und gestalten, das die Gesellschaft wieder enger zusammenführt, statt sie zu spalten – ähnlich dem Wiederaufbau nach dem Zweiten Weltkrieg? Eröffnet ein Dialog, der die Argumente der anderen Seite wertschätzend aufnimmt, nicht auch heute den Raum für neue, gemeinsame Lösungen und innovative Ideen? Warum nicht Emissionshandel und Verkehrswende? Warum nicht gleichzeitig über grünes Wachstum und nachhaltigen Konsum nachdenken? Soziale Kohäsion wird in den kommenden Jahrzehnten für das friedvolle Miteinander in der Gesellschaft gegenüber der rein monetären Umverteilung an Bedeutung gewinnen. Kompromisse sind die Voraussetzung für eine resiliente Gesellschaft.[4]

Donald Trump geht gerade den gegenteiligen Weg. Der amerikanische Präsident sägt an den Grundfesten unserer demokratischen Gesellschaften – und zwar mit der Kettensäge. Das Überraschende dabei: Für seine politischen Interessen nimmt er die Vernichtung der Marktwirtschaft sowie des Wohlstands vergangener Jahrzehnte und zukünftiger Generationen in Kauf. Zölle, Handelskriege und Deglobalisierung vernichten ökonomische Substanz. Die Aushöhlung von Forschungsinfrastrukturen und konzeptlose Kahlschläge in der Verwaltung wirken in die gleiche Richtung.

Politische Willkür zerstört auf Dauer die wirtschaftliche Stärke und hebelt die Demokratie aus. Das schrieb schon Hayek in seinem Bestseller *Der Weg zur Knechtschaft* aus dem Jahr 1944: „Der Glaube, dass keine Regierung eine Willkürherrschaft sein kann, wenn sie nur ein Produkt des demokratischen Wahlverfahrens ist, ist ganz unbegründet und die darin liegende Gegenüberstellung vollkommen falsch: nicht der Ursprung, sondern die Begrenzung der Regierungsgewalt bewahrt sie vor Willkür. [...] Wenn die Demokratie sich zu einer Aufgabe entschließt, die notwendigerweise eine Anwendung der Staatsgewalt voraussetzt, die sich nicht an festen Normen orientieren kann, muss sie zur Willkürherrschaft werden."[5] Hayeks Überlegungen sind heutige Realitäten in den USA. Wenn Trump, wie jüngst, einmal mehr den größten Wirtschaftsboom der Geschichte verspricht, klingt das ähnlich glaubwürdig wie ehedem das sozialistische Versprechen vom baldigen Güterüberfluss. Bitte nur noch rasch eine kurze Durststrecke aushalten![6]

Europa muss dagegenhalten und Stärke beweisen. Auch vor diesem Hintergrund ist es wichtig, dass die Soziale Marktwirtschaft mittlerweile nicht nur ein deutsches, sondern auch ein europäisches Projekt ist, festgeschrieben im 2007 unterzeichneten Vertrag von Lissabon. Die gemeinsame Gestaltung von Spielregeln rückt dabei in den Mittelpunkt. Nehmen wir das Beispiel Digitalisierung: 2022 hat das Europäische Parlament den *Digital Markets Act* beschlossen, der die Macht von Internetkonzernen effektiv begrenzen kann. Europa mag nicht das Silicon Valley sein, das mit seinen schillernden neuen digitalen Produkten technische Standards setzt. Aber die europäische Staatengemeinschaft kann ihre Kompetenz in der Begrenzung von Marktmacht im Interesse der Bürgerinnen und Bürger ausspielen. Falls Europa allerdings an die Dynamik der USA anknüpfen will, gilt es, den schmalen Grat zwischen dem Schutz der digitalen Bürgersouveränität und dem Entstehen einer digitalen Innovationskultur nicht aus den Augen zu verlieren. Schließlich sind die möglichen Silicon Valleys in Europa zarte Pflänzchen, die man auch durch kluge und maßvolle Regulierung kultivieren und hegen muss.

Im Zentrum der Sozialen Marktwirtschaft steht unverrückbar der Gedanke, dass die Wirtschaft für den Menschen da ist und nicht umgekehrt. Klar, die Wirtschaft muss funktionieren, auch um effizient knappe Ressourcen einzusetzen. Aber es geht nicht primär um das System an sich und dessen Erhalt, sondern es geht letztlich um den Menschen und seine Würde. In welcher Weise wir unsere Wirtschafts- und Sozialordnung ausgestalten, hat auch damit zu tun, welchen normativen Kompass wir anlegen. Claus Dierksmeier, langjähriger Direktor des Weltethos-Instituts in Tübingen und Professor für Globalisierungsethik an der dortigen Universität, unterscheidet in diesem Zusammenhang zwischen einem quantitativen (die Anzahl unserer Handlungsoptionen) und einem qualitativen Freiheitsverständnis (die Güte unserer Lebenschancen). Sein Argument: Reine Quantität als Freiheitsmaß kann nicht funktionieren, sondern wir müssen zunächst bestimmen, was für uns Freiheit bedeutet: „Qualitatives Abwägen kommt vor quantitativem Abwiegen."[7] Wie wir verschiedentlich im Buch gezeigt haben: Menschen brauchen nicht nur allgemein verbürgte Freiheitsrechte, sondern es geht immer auch um konkrete und reale Möglichkeiten. Zugespitzt formuliert: Was hilft mir der formale Zugang zum Arbeitsmarkt, wenn ich nicht die Chance hatte, mich entsprechend zu qualifizieren?

Wir bleiben optimistisch. Optimismus bedeutet aber nicht, dass man naiv und linear an „den Fortschritt" glaubt – wohl aber an „die vielen Fortschritte".[8] Es geht dabei um das Grundvertrauen, dass Menschen viele ihrer Probleme in Selbstorganisation lösen können – und es auch ständig tun. Ob Klimawandel oder Armut: Wenn man Menschen Freiheit gewährt und die Politik die richtigen Rahmenbedingungen setzt, können ganz gewöhnliche Menschen, können wir alle Ungewöhnliches vollbringen und damit für uns und unsere Mitmenschen viele Probleme lösen – manchmal mithilfe des Marktes, manchmal dank der Politik, oft gemeinsam in den verschiedensten Vernetzungsformen der Zivilgesellschaft. Wir müssen zusammen dieses und viele weitere Kapitel zu einem guten Ende bringen. Für einen solchen Optimismus steht die Soziale Marktwirtschaft seit über 75 Jahren.

Zum Abschluss

Wir haben gemeinsam schon viele Projekte angestoßen und umgesetzt – und so manchen Text zusammen geschrieben. Dieses Unterfangen war dennoch ein besonderes: Es war die erste Kooperation des Ludwig-Erhard-Forum für Wirtschaft und Gesellschaft (LEF), das Stefan seit März 2023 leitet, mit der Aktionsgemeinschaft Soziale Marktwirtschaft (ASM), der Nils seit November 2014 vorsteht. Das Buch war auch ein Auftakt für viele weitere Initiativen, um der Sozialen Marktwirtschaft ein modernes und optimistisches Antlitz zu geben. Verdient hat sie es!

Vielen haben wir zu danken: Matthias Störring, der für lange Jahre die Geschicke von Nils' Professur in Siegen mit lenkte und als stellvertretender Leiter in den ersten Jahren das LEF mit aufgebaut hat. Ohne sein organisatorisches Talent hätten wir beide nicht den Freiraum gehabt, den Essay der ersten Auflage zu schreiben. Und seine inhaltliche Expertise hat uns vor manchen Irrwegen bewahrt. Freiräume schaffen, das kann auch Ute Friederich – die Geschäftsführerin der ASM. Wissenschaftlicher Sachverstand und anregende Diskussionen kamen auch von vielen anderen: Marius May, Mark McAdam und Marco Rehm vom Siegener Team. Lachezar Grudev, der in meisterlicher Weise Freiburg, Zwickau und Siegen faktisch und kulturell miteinander verbindet. Georg Cremer, der ein Fels im Strom der Tatsachen ist. Uwe Dathe, Christopher Gohl, Friedhelm Gross, Jan-Otmar Hesse, Karen Horn, Ekkehard Köhler, Arnd Küppers, Dirk Loerwald, Gerhard Wegner und Michael Wohlgemuth, deren kluge Gedanken wir unverfroren in unsere Überlegungen eingeflochten haben.

Dieses Buch ist auch ein Buch vieler Orte. Stefan verbrachte die meiste Zeit, als das ursprüngliche Manuskript entstand, an der

Princeton University. Markus Brunnermeier und Harold James waren ihm dort und sind auch heute wichtige Gesprächspartner. Zwickau, wo er seit vielen Jahren eine Professur innehat, und Berlin, der Ort seines jetzigen Wirkens, gesellten sich als Schaffensorte dazu. Neben Siegen fand der Endspurt zum Buch 2023 für Nils in Seattle und in Las Vegas statt. Das Treffen mit seinem Namensvetter (für Neugierige, googeln Sie: Nils Goldschmidt, Bassist, Velvet Chains) war für ihn eine besondere Quelle der Inspiration.

Nils dankt bei diesem Projekt auch seinen Kindern. Sein damals 9-jähriger Sohn Frieder musste so manchen langweiligen Tag verbringen, weil sein Vater an diesem Buch arbeitete. Seiner heute 18-jährigen Tochter Juliane dankt er für viele Gespräche darüber, was das mit der Sozialen Marktwirtschaft eigentlich noch soll und wofür sie heute steht. Er hofft, dass er mit seinem permanenten sozial-marktwirtschaftlichen „Brainwashing" keine längerfristigen Schäden bei ihr hervorgerufen hat. Stéphanie Kappelmayer gilt sein Dank für viele liebevolle Aufmunterungen bei der Vollendung und Neuausgabe dieses kleinen Werks.

Stefan wiederum dankt seiner Mutter Toni Gancheva. Ihre Generation wünschte sich nach der Wende in Bulgarien so etwas wie die Soziale Marktwirtschaft – die erhoffte neue Ordnung wurde zuweilen auch so genannt, ohne dabei zu wissen, dass der Begriff bereits belegt ist. Seit Stefan wissenschaftlich schreibt, ist er immer der Meinung, dass Toni unbedingt verstehen muss, worum es in den Texten geht und warum sie überhaupt geschrieben werden müssen – auch dieses Manuskript hat den Test bestanden.

Dieses Buch ist bei Herder erschienen. Ohne die bereichernde Kooperation mit Florentine Schaub, Patrick Oelze und Robert Köhler von diesem traditionsreichen Freiburger Verlag wäre unser Vorhaben ganz sicher nicht gelungen.

Siegen und Berlin, im August 2025
Nils Goldschmidt und Stefan Kolev

Anmerkungen

An einzelnen Stellen in diesem Buch haben wir in unseren eigenen Schriften ein wenig, auch wörtlich, gewildert: Nils Goldschmidt/Stephan Wolf (2021), Gekippt: Was wir tun können, wenn Systeme außer Kontrolle geraten, Freiburg: Herder; Stefan Kolev (2017), Neoliberale Staatsverständnisse im Vergleich, Berlin: De Gruyter; Nils Goldschmidt (2021), Soziale Marktwirtschaft, in: Staatslexikon der Görres-Gesellschaft, 8. Aufl., Freiburg: Herder, 234–243; Stefan Kolev (2018), Ordoliberalism, in: Encyclopedia of Law and Economics, New York: Springer, 1532–1537. Viele Ideen zu diesem Buch verdanken wir gemeinsamen Gesprächen im Vorfeld zur Ausstellung „Alfred Müller-Armack und das große ‚S'" im Juni 2022 in Vreden, wo der Begriff Soziale Marktwirtschaft 1946/47 geprägt wurde. Der Katalog zur Ausstellung kann über die Aktionsgemeinschaft Soziale Marktwirtschaft bezogen werden.

Kapitel 1

1 Ludwig Erhard ([1957] 1964), Wohlstand für Alle, 8. Aufl., Düsseldorf: Econ-Verlag, 134–135.

2 Alfred Müller-Armack (1966), Wirtschaftsordnung und Wirtschaftspolitik. Studien und Konzepte zur Sozialen Marktwirtschaft und zur Europäischen Integration, Freiburg: Rombach, 12.

3 Markus K. Brunnermeier/Harold James/Jean-Pierre Landau ([2016] 2018), Euro. Der Kampf der Wirtschaftskulturen, München: C.H.Beck.

4 Alfred Müller-Armack (1950), Soziale Irenik, Weltwirtschaftliches Archiv, 64, 181–203.

5 Zur aktuellen Debatte siehe Nils Goldschmidt/Rainer Kirchdörfer/David Deißner (2025), Gerechtigkeit. Wie wir unsere Gesellschaft zusammenhalten, Freiburg: Herder.

Kapitel 2

Einige Gedanken zu diesem Kapitel haben wir teils wörtlich übernommen aus: Nils Goldschmidt/Ekkehard A. Köhler (2008), Die Ursprünge der Sozialen Marktwirtschaft und die Währungsreform von 1948, in: 60 Jahre Währungsreform. Fünf Vorträge, Darmstadt: Hessisches Wirtschaftsarchiv, 82–98. Siehe auch Lars P. Feld/Ekkehard A. Köhler (Hg.) (2015), Wettbewerbsordnung und Monopolbekämpfung. Zum Gedenken an Leonhard Miksch (1901–1950),

Tübingen: Mohr Siebeck, besonders darin: Uwe Dathe, Leonhard Miksch (1901–1950): Leben und Werk. Ein Überblick; Nils Goldschmidt, Leonhard Mikschs Beitrag zur Ordnungstheorie und -politik. Einsichten in sein Tagebuch nach 1945.

1 Das Tagebuch von Leonhard Miksch wurde dem Walter Eucken Institut von seiner Tochter Helga Serrano-Miksch zur Archivierung übergeben und ist dort einsehbar.

2 Ludwig Erhard ([1943/1944] 1977), Kriegsfinanzierung und Schuldenkonsolidierung. Faksimile-Druck, Frankfurt: Propyläen.

3 Es gibt eine anhaltende Diskussion darüber, welchen Anteil Erhard an der Konzeption der Währungsreform hatte. Siehe z.B. die jüngst erschienene, kritische Position von Carl-Ludwig Holtfrerich (2024), Edward A. Tenenbaum and the Deutschmark. How an American Jew Became the Father of Germany's Postwar Economic Revival, Cambridge: Cambridge University Press.

4 Ludwig Erhard (1948), Die neue Marktwirtschaft. Rede vor dem Übersee-Club in Hamburg am 16. Dezember 1948, https://www.ueberseeclub.de/resources/Server/pdf-Dateien/1922-1959/vortrag-1948-12-16Professor%20Dr.%20Ludwig%20Erhard.pdf.

5 Ludwig Erhard ([1957] 1964), Wohlstand für Alle, 8. Aufl., Düsseldorf: Econ-Verlag, 157.

6 Zur Diskussion über den Anteil der Sozialen Marktwirtschaft an der Nachkriegsdynamik siehe u. a. Werner Abelshauser (1983), Wirtschaftsgeschichte der Bundesrepublik Deutschland 1945–1980, Frankfurt: Suhrkamp; Rainer Klump (1995), Produktivitätslücken, Konvergenzprozesse und die Rolle der Wirtschaftsordnung: Anmerkungen zur „Catching up"-Hypothese, Zeitschrift für Wirtschaftspolitik, 44, 29–44; Helge Berger/Albrecht Ritschl (1995), Germany and the Political Economy of the Marshall Plan, 1947–52, in: Barry Eichengreen (Hg.), Europe's Post-War Recovery, Cambridge: Cambridge University Press, 199–245.

7 Die kürzlich erschienene Dissertation von Katharina Schmidt macht deutlich, wie vielschichtig Erhard in seinen Perspektiven war – und wie sehr er nicht nur ein Produkt seines Wollens, sondern auch ein Medienereignis war, siehe Katharina Schmidt (2024), Der Wundermann Ludwig Erhard. Mythos, Selbstdarstellung und Öffentlichkeitsarbeit, Köln: Halem.

Kapitel 3

Einige Gedanken zu diesem Kapitel sind inspiriert von: Nils Goldschmidt (Hg.) (2005), Wirtschaft, Politik und Freiheit. Freiburger Wirtschaftswissenschaftler und der Widerstand, Tübingen: Mohr Siebeck; Hans Maier (Hg.) (2014), Die Freiburger Kreise. Akademischer Widerstand und Soziale Marktwirtschaft, Paderborn: Ferdinand Schöningh; Uwe Dathe/Nils Goldschmidt (2017), Ludwig Erhard und die Freiburger Schule, Die Politische Meinung, Sonderausgabe 5,

22–26; Uwe Dathe (2018), Constantin von Dietze – ein Weg in den Widerstand gegen den Nationalsozialismus, Freiburger Universitätsblätter, 219, 65–106.

1 Ursula Kienberger-Markwalder (2005), Doktor-Examen bei Walter Eucken und Constantin von Dietze im September 1944, in: Nils Goldschmidt (Hg.), Wirtschaft, Politik und Freiheit. Freiburger Wirtschaftswissenschaftler und der Widerstand, Tübingen: Mohr Siebeck, 451.

2 Tim B. Müller (2015), Die Geburt des Sozial-Liberalismus aus dem Geist der Verwaltung, in: Anselm Doering-Manteuffel/Jörn Leonhard (Hg.), Liberalismus im 20. Jahrhundert, Stuttgart: Franz Steiner, 127–155.

3 Walter Eucken ([1940] 1989), Grundlagen der Nationalökonomie, 9. Aufl., Berlin: Springer, 240.

4 Wilhelm Röpke (1958), Jenseits von Angebot und Nachfrage, Erlenbach-Zürich: Eugen Rentsch; Alexander Rüstow (1951), Sozialpolitik oder Vitalpolitik, Mitteilungen der Industrie- und Handelskammer Dortmund, 11, 453–459.

5 Nils Goldschmidt/Jan-Otmar Hesse (2013), Eucken, Hayek and The Road to Serfdom, in: Robert Leeson (Hg.), Hayek. A Collaborative Biography, Vol. 1, London: Palgrave Macmillan, 123–146 sowie Stefan Kolev (2024), When Liberty Presupposes Order. F. A. Hayek's Contextual Ordoliberalism, Journal of the History of Economic Thought, 46, 288–311.

6 Klaus Schwabe/Rolf Reichardt (Hg.) (1984), Gerhard Ritter. Ein politischer Historiker in seinen Briefen, Boppard am Rhein: Boldt, 339.

7 Constantin von Dietze/Walter Eucken/Adolf Lampe ([1943] 2005), Wirtschafts- und Sozialordnung, in: Nils Goldschmidt (Hg.), Wirtschaft, Politik und Freiheit. Freiburger Wirtschaftswissenschaftler und der Widerstand, Tübingen: Mohr Siebeck, 102.

8 Wilhelm Röpke (1942), Die Gesellschaftskrisis der Gegenwart, Erlenbach-Zürich: Eugen Rentsch.

Kapitel 4

Einige Gedanken zu diesem Kapitel haben wir übernommen aus: Jan-Otmar Hesse (im Erscheinen), Zur Einführung: Karl Schiller (1911–1994), in: Nils Goldschmidt/Stefan Kolev/Michael Wohlgemuth (Hg.), Soziale Marktwirtschaft. Grundtexte zur Ordnungsökonomik, Tübingen: Mohr Siebeck (utb).

1 Otto Schlecht (1968), Konzertierte Aktion als Instrument der Wirtschaftspolitik. Walter Eucken Institut, Vorträge und Aufsätze, Bd. 21, Tübingen: J.C.B. Mohr (Paul Siebeck), 4.

2 Karl Schiller ([1953] 1964), Produktivitätssteigerung und Vollbeschäftigung durch Planung und Wettbewerb, in: ders., Der Ökonom und die Gesellschaft. Das freiheitliche und das soziale Element der modernen Wirtschaftspolitik, Stuttgart: Gustav Fischer, 122.

3 Karl Schiller (1966), Marktwirtschaftliche Globalsteuerung, Der Volkswirt vom 23. Dezember 1966, 66.

4 Guy Kirsch (1996), Runde Tische sind gefährliche Möbel, Frankfurter Allgemeine Zeitung vom 10. Februar 1996, 13.

5 Torben Lütjen (2011), Der erste Superminister, Frankfurter Allgemeine Sonntagszeitung vom 24. April 2011, 38.

6 Gerhard Wegner (im Erscheinen), Zur Einführung: Das Lambsdorff-Papier, in: Nils Goldschmidt/Stefan Kolev/Michael Wohlgemuth (Hg.), Soziale Marktwirtschaft. Grundtexte zur Ordnungsökonomik, Tübingen: Mohr Siebeck (utb).

Kapitel 5

1 Gerlinde Sinn/Hans-Werner Sinn (1991), Kaltstart. Volkswirtschaftliche Aspekte der deutschen Vereinigung, Tübingen: J.C.B. Mohr (Paul Siebeck); 3. Aufl. als Taschenbuchausgabe 1993, München: Beck-Wirtschaftsberater im dtv.

2 Statistisches Bundesamt (2025), Durchschnittliche Bruttomonatsverdienste, https://www.destatis.de/DE/Themen/Arbeit/Verdienste/Verdienste-Branche-Berufe/Tabellen/liste-bruttomonatsverdienste.html#134694. Zu den Preisniveauunterschieden zwischen alten und neuen Bundesländern siehe Ralph Henger et al. (2024), Regionale Preisniveaus. Wo es sich am günstigsten und wo am teuersten lebt, Kurzbericht 46, IW Köln.

3 Heike Belitz/Martin Gornig/Alexander Schiersch (2020), Produktivität in der Industrie unterscheidet sich weiterhin zwischen Ost und West, DIW Wochenbericht 87 (39), 747–753.

4 Walter Eucken ([1952] 2004), Grundsätze der Wirtschaftspolitik, 7. Aufl., Tübingen: Mohr Siebeck, 210.

5 Alfred Müller-Armack ([1974] 1981), Genealogie der Sozialen Marktwirtschaft: Frühschriften und weiterführende Konzepte, 2. Aufl., Bern: Haupt, 15.

Kapitel 6

Einige Gedanken zu diesem Kapitel haben wir übernommen aus: Nils Goldschmidt/Peter Hammerschmidt (2013), Deutschland, in: Markus Porsche-Ludwig/Wolfgang Gieler/Jürgen Bellers (Hg.), Handbuch Sozialpolitiken der Welt, Berlin: Lit, 173–179; Georg Cremer/Nils Goldschmidt/Sven Höfer (2023), Soziale Dienstleistungen. Marktgestaltung für hilfebedürftige Menschen, 2. Aufl., Tübingen: Mohr Siebeck (utb).

1 Deutscher Bundestag, Stenografischer Bericht, 32. Sitzung, Plenarprotokoll 15/32, Berlin, Freitag, den 14. März 2003, https://dserver.bundestag.de/btp/15/15032.pdf.

2 Deutscher Bundestag, Stenografischer Bericht, 4. Sitzung, Plenarprotokoll 16/4, Berlin, Mittwoch, den 30. November 2005, https://dserver.bundestag.de/btp/16/16004.pdf.

3 Henry Goecke et al. (2013), Zehn Jahre Agenda 2010. Eine empirische Bestandsaufnahme ihrer Wirkungen, Policy Paper 7/2013, IW Köln.

4 Hans-Werner Sinn (2003), Der kranke Mann Europas. Diagnose und Therapie eines Kathedersozialisten, Rede, Stiftung Schloss Neuhardenberg, https://www.hanswernersinn.de/sites/default/files/sinn-kranke-mann-europas-ifo-2003.pdf.

5 Zu den Wirkungen der Hartz-Reformen siehe die überzeugenden Ausführungen in: Georg Cremer (2016), Armut in Deutschland. Wer ist arm? Was läuft schief? Wie können wir handeln? München: C.H.Beck sowie Georg Cremer (2018), Deutschland ist gerechter, als wir meinen. Eine Bestandsaufnahme, München: C.H.Beck.

6 Christian Dustmann et al. (2014), From Sick Man of Europe to Economic Superstar: Germany's Resurgent Economy, Journal of Economic Perspectives, 28, 167–188.

7 Georg Cremer (2016), Armut in Deutschland. Wer ist arm? Was läuft schief? Wie können wir handeln? München: C.H.Beck, 84.

8 Thomas Köster (2023), Arbeitslosigkeit unter inklusionstheoretischer Betrachtung nach Phelps. Eine Fallstudie, Berlin: De Gruyter.

Kapitel 7

1 Rüdiger Soldt (2018), „Merkels Politikstil stößt an Grenzen". Im Gespräch: Winfried Kretschmann (Grüne), Ministerpräsident Baden-Württembergs, Frankfurter Allgemeine Zeitung vom 5. Juli 2018, 2.

2 Johann Fuchs/Doris Söhnlein/Brigitte Weber (2021), Projektion des Erwerbspersonenpotenzials bis 2060: Demografische Entwicklung lässt das Arbeitskräfteangebot stark schrumpfen, Kurzbericht 25/2021, IAB Nürnberg.

3 Zu den beunruhigenden Tendenzen bei der Auswanderung aus Deutschland siehe das im Februar 2025 veröffentlichte Gutachten des Ludwig-Erhard-Forum für Wirtschaft und Gesellschaft „Wohlstand für Junge. Wie der ordnungspolitische Neustart des Landes gelingen kann", https://www.ludwig-erhard-forum.de/wp-content/uploads/2025/02/2025_Kolev_Gutachten_Wohlstand-fuer-Junge-1.pdf.

4 Alexander Kubis/Lutz Schneider (2020), Schätzung der Wanderungsströme von EU-Bürgern und EU-Bürgerinnen nach und aus Deutschland bis 2040, in: Philipp Deschermeier et al. (Hg.), Zur Relevanz von Bevölkerungsvorausberechnungen für Arbeitsmarkt, Bildungs- und Regionalpolitik, IAB-Bibliothek 372, Bielefeld: wbv, 69–92.

5 Statistisches Bundesamt (2022), Fluchtmigration trägt seit Ende 2014 zu Bevölkerungswachstum in Deutschland bei, Pressemitteilung Nr. N 069 vom 29. November 2022, https://www.destatis.de/DE/Presse/Pressemitteilungen/2022/11/PD22_N069_12_13.html.

6 Rüdiger Soldt (2023), Gefahr für den sozialen Frieden, Frankfurter Allgemeine Zeitung vom 20. März 2023, 1.

7 Jens Kersten/Claudia Neu/Berthold Vogel (2022), Das Soziale-Orte-Konzept. Zusammenhalt in einer vulnerablen Gesellschaft, Bielefeld: transcript sowie Rainald Manthe (2024), Demokratie fehlt Begegnung. Über Alltagsorte des sozialen Zusammenhalts, Bielefeld: transcript.

8 Asfa-Wossen Asserate (2018), Die neue Völkerwanderung. Wer Europa bewahren will, muss Afrika retten, Berlin: Ullstein.

Kapitel 7,5

1 Regierungserklärung von Bundeskanzler Olaf Scholz am 27. Februar 2022, https://www.bundesregierung.de/breg-de/suche/regierungserklaerung-von-bundeskanzler-olaf-scholz-am-27-februar-2022-2008356.

2 Stefan Kolev (2022), Governing Dynamics and Superfragility. Liberal Political Economists as Order Guardians, Journal of Contextual Economics – Schmollers Jahrbuch, 142, 317–336.

3 Stephan Wolf/Nils Goldschmidt (2019), Klimaschutz auf Kosten der Armen? Vorschläge für eine markt- und sozialverträgliche Umsetzung von CO_2-Steuern und des Emissionshandels, ORDO, 70, 125–165.

4 Markus K. Brunnermeier (2021), Die resiliente Gesellschaft. Wie wir künftige Krisen besser meistern können, Berlin: Aufbau sowie Markus K. Brunnermeier (2024), Resilienz für alle. Wie die deutsche Wirtschaftswende trotz allen geoökonomischen Risiken gelingen kann, Policy Paper 1, Ludwig-Erhard-Forum für Wirtschaft und Gesellschaft.

5 Friedrich August von Hayek ([1944] 2004), Der Weg zur Knechtschaft, Tübingen: Mohr Siebeck, 65.

6 Nils Goldschmidt (2025), Donald Trumps Weg zur Knechtschaft, Frankfurter Allgemeine Sonntagszeitung vom 18. Mai 2025, 22.

7 Claus Dierksmeier (2020), Corona und die „offene Gesellschaft", Kirche und Gesellschaft, 473, 9.

8 Nils Goldschmidt/Stefan Kolev (2023), 75 Jahre Soziale Marktwirtschaft. Mehr Optimismus wagen, Frankfurter Allgemeine Zeitung vom 20. Juni 2023, 17 sowie Stefan Kolev (2025), Optimismus muss nicht naiv sein, Frankfurter Allgemeine Sonntagszeitung vom 22. Juni 2025, 21.

Über die Autoren

© Roman Herzog Institut

Nils Goldschmidt ist Direktor des Weltethos-Instituts an der Universität Tübingen und Professor für Kontextuale Ökonomik und ökonomische Bildung an der Universität Siegen. Er ist Vorsitzender der Aktionsgemeinschaft Soziale Marktwirtschaft, Tübingen, und Mitglied im Deutschen Ethikrat.

© Ludwig-Erhard-Forum für Wirtschaft und Gesellschaft

Stefan Kolev ist wissenschaftlicher Leiter des Ludwig-Erhard-Forum für Wirtschaft und Gesellschaft in Berlin und Professor für Wirtschaftspolitik an der Westsächsischen Hochschule Zwickau. Er ist Mitglied im Wissenschaftlichen Beraterkreis für evidenzbasierte Wirtschaftspolitik beim Bundesministerium für Wirtschaft und Energie.